啼笑皆非

Between Tears and Laughter

林语堂 著

徐诚斌 译

湖南文艺出版社
HUNAN LITERATURE AND ART PUBLISHING HOUSE

博集天卷
CS-BOOKY

图书在版编目（CIP）数据

啼笑皆非 / 林语堂著；徐诚斌译 . — 长沙：湖南文艺出版社，2017.5
书名原文：Between Tears and Laughter
ISBN 978-7-5404-8041-7

Ⅰ . ①啼… Ⅱ . ①林… Ⅲ . ①文史哲—文集 Ⅳ . ① C52

中国版本图书馆 CIP 数据核字（2017）第 064019 号

著作权合同登记号：图字 18-2016-212

上架建议：名家经典·文化

BETWEEN TEARS AND LAUGHTER
By Lin Yutang
This edition arranged with Curtis Brown Group Ltd.
through Andrew Nurnberg Associates International Limited

TIXIAO–JIEFEI
啼笑皆非

作　　者：林语堂
译　　者：徐诚斌
出 版 人：曾赛丰
责任编辑：薛　健　　刘诗哲
监　　制：蔡明菲　　邢越超
特约策划：王　维
特约编辑：刘　筝
版权支持：辛　艳
营销支持：李　群　　张锦涵
装帧设计：利　锐
出版发行：湖南文艺出版社
　　　　　（长沙市雨花区东二环一段 508 号　邮编：410014）
网　　址：www.hnwy.net
印　　刷：北京鹏润伟业印刷有限公司
经　　销：新华书店
开　　本：880mm×1270mm　1/32
字　　数：157 千字
印　　张：6.5
版　　次：2017 年 5 月第 1 版
印　　次：2017 年 5 月第 1 次印刷
书　　号：ISBN 978-7-5404-8041-7
定　　价：32.80 元

质量监督电话：010-59096394
团购电话：010-59320018

目录
—— Contents ——

后　序

中文译本序言

——为中国读者进一解

本书原名*Between Tears and Laughter*，作于1943年2月，3月中旬脱稿，7月纽约出版，年底已五版。当时骨鲠在喉，不吐不快。盖一感于吾国遭人封锁，声援无方，再感于强权政治种族偏见，尚未泯除，三感于和平之精神基础未立，大战之宗旨未明，大西洋宪章之适用范围未定，自由与帝国之冲突难关未破。甚或为帝国主义张目，或倡武力治安，或斥世界平等联邦而盛倡武力挟制天下。以此国外民众彷徨炫惑，莫知适从。时余憧憬乎第一次大战之际，威尔逊高举正义之旗，天下闻风而起，一若世界新纪元即将实现，不禁为之慨然。盖自凡尔赛和约以后，世事每况愈下，各国尔诈我虞，廉耻丧尽，正义无存，以致造成一种悲观气氛。理想家不敢复言"了结战争之战争"，现实主义者愈倡言强权政治，而"第三次大战"之名词，已叠叠见诸文字报章，出诸政界名流之口。好梦打破，花落鸟啼。余有感于怀，乃作是书，以究世乱之源。其言苦，其志哀，虽谓用血泪写成，未尝不可。

是书主旨，可以一言蔽之，即由现此战事战略之处置，明强权政治之存在，由强权政治之存在，推及物质主义之病源，再由物质主义之病源，追溯欧美百年来学术思想上自然主义、科学定数论，及悲观思想之所由来，而后指出最近科学思想之转变，可以打破唯物观念，改造哲学基础，复建精神与物质之平衡配合，使人道主义得超越自然主义之上。由人道与自然之新配合，宇宙观人生观必随之而变，即见老庄与恩斯坦相去不远，东西哲理，可以互通，而人道得以重立于人间。

书分四卷。卷一论"局势"，陈叙今日世界之危局，及第三次大战之伏机。卷二论"道术"，指出道术之沦丧，及以物质主义方术解决危机之错误。卷三论"征象"，批驳现行战后和平之各种论著，以见今日思想之症结。卷四论"治道"，由学术思想上分析近百年来文化之去向，及推陈人道扫地之史因，并由科学穷极思变之新倾向，透入一道曙光，排脱唯物机械论，重立自由意志论。以内容言之，卷一多谈亚洲复兴所引起之新局面。卷二多论种族偏见、欧化愚见、数学迷信、机械心理等小枝节。卷三多举今日西方讨论和平之方案。卷四专谈学术思想哲学基础问题。

读此书者，应从头读起，顺序而下，以见前后贯串。盖本书构法，似抽芭蕉，钱大昕"养新"之余意也。今日战事及国际政治，仅系外层而已；剥其外层，便见强权政治（卷一、卷二）；再剥强权主义，便见物质主义（卷三）；复剥第三层，便见科学定数论、自然主义悲观主义（卷四"当代篇""化物篇"），是为诊断之结论；最后三章（"齐物""穷理""一揆"），乃言哲学人道之新建设，及世界和平之原理。末附后序，以寄感怀。

世人有可与言者，有不可与言者。吾不欲失人，故以此书译出，公之吾国读者。吾不欲失言，故请断章取义歪曲事实之专家勿读吾书。惟求得关心治道之有心人，读到一二道衷曲之处，颔首称善，吾愿足矣。不可与言者，姑无论矣，复为可与言者进一解：

一、本书原著，系为西方人士而作，所谓对症下药也。不知其病，便不解医士何以开此药方。若物质文明，提高生活程度，非不美也。矫而正之，因其过犹不及也。提高生活程度，不应反对；惟以提高生活程度为人生文明之全部，混文明文化为一谈，便须反对。今日果有人，以为叫世人每日有四杯牛奶可喝，世界便会良善和平起来，不喝牛奶或居竹篱茅舍者，便是野蛮，此便须反对。经济保障，使老有所终，幼有所养，不应反对；惟以经济保障代替世界之自由平等，而认为此次战争目的之终点，并且舍弃自由平等，因求经济保障，而瓜分人国，攫取物资，召未来战祸，便应反对。自然科学，人人赞成，无一疵可摘；惟自然科学之唯物观变为一切人生之唯物观，生出冷酷逆情之强权政治，斗争主义，便非反对不可。

二、物质文明好，物质主义不好，言其过也。是犹充实国防好，穷兵黩武不好，亦言其过也。西文字面加"主义"（–ism）者，常含有过分之讥，若"物质主义""武力主义"（materialism, militarism）是也。又如"商务"，原为"Commerce"，第加 –ism，便成"Commercialism"，即所谓"金钱主义"而寓贬意，亦言其过也。反观吾国，物质文明之病，在于"不及"，而不在"过"。人家已过，我尚不及，故非赶上不可。吾国今日正应大声疾呼，提高生活程度，一救吾民之穷，使衣食住行得以改良，而衣食住行无一非物质条件，故必赶上物质文明。今日吾民穿的苦、吃的苦、住的苦、行路苦。民生主义便是我们共同的好梦，大家应赶紧把我们的国家弄好，希望老百姓大家穿得好、吃得好、住得好、行路便利，成一富强康乐气象。且应大家留心，这个世界并不是好世界，是强权世界。故尤应大声疾呼，提倡生产救国，靠一股气赶入工业时代，否则不能自存于世界。此为富国之唯一基础，建国之大前提，即因工业化而生出西方工业社会之复杂问题，亦所不顾。惟日本学西洋物质文明，并学其物质主义，及其所生之商业主义、侵略主义、帝国主义，是则不可不于理论思想上，先为之防。

三、东方西方皆有精神文明，皆有物质文明。孟子言五亩之宅，树之以桑，及斧斤以时入山林等。曰亩、曰桑、曰斧斤山林，无一而非言物质。到底物质讲得不彻底，故"龟鳖不可胜食，林木不可胜用"之物质文明，人家已做到，我在孟子二千余年后尚未做到。然孔子言可以去兵去食而不可去信，便是孔教视精神重于物质，精神物质皆兼言之，而得中和平稳之论。西人治科学穷宇宙之理，岂非精神方法？民主政治成功，岂非精神教育？故言东西文明之异同，乃言各有畸轻畸重而已。西方学术以物为对象，中国学术以人为对象。格物致知，我不如人，正心诚意之理，或者人不如我。玄通知远，精深广大之处，我不让人；精详严密，穷理至尽，人定胜我。是故上识之士，以现代文化为世界共享共有之文化，本国文化，亦不熔铸为世界文化之一部，故能以己之长，补人之短。（如欲发展中医，必先能将中医打进"西医"——即世界唯一共同之医学——圈子里去，混为一部，然后可以贡献于世界医学。）尝谓近代真能学贯中外者惟总理一人，因其能兼容并蓄，融会贯通，故并能救西方资本主义之弊。总理常言："穷理于事物始生之处，研机于心意初动之时。"是善读《易》者，何来不许中国人读《易》？中识之士，眼光所及仅限本国，不足以言补救世界文化，但亦可采人之长，补己之短。下识之士，仅知有我，不知他人；人家大好科学排在目前，尚不知袭来而为己用，若不肖子孙，不知发扬光大祖业，惟日数家珍以示人。但此辈尚不失为中国人，惟有洋场孽少，认为固有文化整个要不得，不曰士大夫意识，则曰小资产阶级，并忠孝廉节，一切詈为封建，必欲行其根本毁灭中国旧社会之阴谋而后已。此辈一见西方文物，则捧屁而恭闻，稍谈孔孟周易，则掩鼻而却走，是为亡国灭种思想，名为摩登，实则买办之流亚，民斯为下矣。

本书第一至十一篇，由著者自译，十二篇以下，由徐诚斌先生译出。此次回国途中，校阅略觉匆促，未当之处，容再版时修正。原文所无，译文中加释加注之处，以【……】号别之。

林语堂

1944 年 2 月 18 日于重庆

原序

　　此书之作，因有些不得不说的话，待要明白晓畅把它说出。

　　今日世界正需晓畅平近道理，用晓畅平近的话申说出来。当代乱世学者越讲越糊涂，要辟邪说明明德者却须明畅为主。

　　当代的问题是道术沦丧及其振兴的问题。一把沙尘，可起信念。读了万卷条顿哲学，不如听一朵野玫瑰说法。

　　这些话不知从何说起。皇天默佑，赐我勇气把它说到底。

　　第三次大战乌云已笼罩天边。大家眼快心灵，寻个活路出来。

| 啼笑皆非

Between Tears and Laughter |

卷一　局　势

前序第一

——此篇自述并解题

我正濡墨下笔宣泄积愫之际，却不免迟疑一下，未知吐露真情直书所怀，是否值得。问题不是于我值得，乃于读者值得与否。我已确定这是值得的。盖凡著书行世，必使作者读者之间，真能开诚相与，畅所欲言，始能开卷有益。而欲如此，必使读者相信，可以听到作者肺腑之言，宛如良友夜谈解衣磅礴一种境地。良友炉边夜谈，决不致意不得宣，最多意见不同而已。然同意小事也；意见不同始可收他山之效。在这种夜谈，大家每每吵得脸红耳赤，然后前所未达者，涣然冰释。凡作者肯流露真情，决不致为人所误解，况且有时肯听诤言，互相规谏，才算是真友。

于此不妨先说我个人衷曲的事。这一月来，惝恍迷离，如在梦寐间。回想起来，一片漆黑，只记得半夜躺在床上憋闷，辗转思维，怎样攻破这铁一般的华府对援华的封锁线。还半夜不寐，揣摩罗斯福总统给我们的闷哑谜。罗斯福说："就以目前而论，我们空运输入中国的物量和滇缅公路所运相等。"这句话委实俏皮，可是令我不快，我不愿听人家对于我国战时急需品之接济说俏皮话。到底航运多少吨量，我有确数，这确数中外官方始终不敢公布出来。这真是最后一根草，把这沉着负重的中国骆驼压坏了。恍惚有人打我一记耳光，耳鸣眼昏，不省人事。

且听我告诉你，这骆驼是怎么压坏的，我已经历次遭人打耳光；准确地讲，是我国遭人打耳光。但在我国与日本作殊死战时，谁打中国的耳光，就同有人伸手打我一样。也曾听见俘虏受日人批颊，窃想耶稣对此应是何种意见。耶稣遗训，只说到第二次批左颊而止；倘是左颊转后，又来第三第四个巴掌，应当取何态度，《圣经》没有明训。伤颊倒不打紧，侮辱才真难受。人家自私自利，这也容易谅解，不易谅解的是悖慢无礼。偶然无意中挨踢一下也无妨，可是人家踢你之后，声明你挨踢一脚又何妨，或是说他是偶然踢你玩的——这就难受。美国运汽油烂铁供给日本轰炸中国妇孺，这美国人知道，我也知道。中国人有"坚忍"的特长，是忍得住的。做一个比方的话，假如此刻，在日美作战之时，中国宣告中立，而以烂铁供给日本，同时盛称"中美友谊"，并褒扬美国"英勇的抗战"，在此情境之下，美国舆论与外交界能否像中国在珍珠港事件以前的宽宏大度，就颇有疑问。但难受的是罗斯福于 1941 年的夏天，洋洋得意，夸赞这为虎谋皮政策的"成功"；这便是我受批第一颊。自然说话伤人，都是出于无心。可是这一巴掌，足使以前种种的小磨难都置之脑后——历次外务部对于日本损害美国在华产业利权的层层抗议；或者芜湖一座洋栈和三条板凳受损害，或是镇江一座礼堂和四只猫被摧残，而对于轰炸中国妇女却一字不提。

第二次批颊，是伦敦政府第二次下令封锁缅甸公路。事实已经证明，邻邦始终无意用自己的军队去坚守缅甸，同时又不早让中国大军入境共守，其名虽非下令封锁缅甸，其实却与下令无别。但是谁想到退出缅甸之后，会有一位英国将领表示"满意"，夸称这场战役"赢得三个月可以巩固印度的边防"。

第三次批颊，是租贷案运到缅印的中国物品，遭人扣留，而中国政府事先不曾被通知或磋商。

第四次批颊，是缅甸封锁之后，华府吏从中作梗，抵赖搪塞，不肯稍尽微力，以适宜航空运输补救维持。

第五次批颊，是中国军事代表团来华府，供给专家的知识经验，协助友邦拟订共同攻日战略，却遭人冷落不理。

第六次的重巴掌，是侮辱中国的谣言盛传华府，说中国是"法西斯蒂"是"帝国主义"，将资济物品"囤积"起来。这些谣言用意是表示中国不值抬举，所以不给援助，甚为合理，并且活该。

经过这几次巴掌之后，又来罗斯福总统，在中印航运情形令人发指、不堪公布之际，说那句俏皮话，声称那情形好得无以复加，这自然把中国骆驼压坏了。至少，我一个中国人不觉得那句俏皮话有什么好笑……以后，卡萨布兰卡会议开完，巧词遁饰，或简直撒谎，说斯大林反对邀请蒋介石云云，继续使我在一月来昏迷若在梦中。

到了昨天下午，我到邻近街坊去散步，打算寻个究竟，把这团萦纡郁闷之气打开，提防得个神经衰弱症。我立定主意，要用美国人的眼光来看我国，同时要把眼光放远，看看此后几十年中国在世界政治之发展，由此得两条结论。

　　第一条结论，在一月来已在我心里逐渐形成，就是此后几十年间，中国必须以友邦资格与英美携手。同时这政策附带两个条件。第一个条件是，依照这次在战争期中之经验，无论世界联治取何方式，中国决不会受人平等待遇，因为中国是亚洲黄种。如依同盟国的主张行去，停战时中国连一个雏形的空军都不会有。要人家平等待遇，须再过二十年等到中国像日本一样，能自己造军舰、飞机、大炮、坦克车。到那时候，也不必去争什么平等不平等，因为这是现代文明的"世法"。这时候未到以前，中国遵照先哲古训，"大智若愚"，尚可以吃得消几次的侮辱。受得住几记的耳光。就是日本也得暂时忍受 5：5：3 的侮辱，这海军比例影响日人心理之深，绝非西人所能推料或理解。但是中国向来有宽大、容忍、讲理的精神，足以对付这个局面。第二个条件是，中国须学西方各国过去及现在的模范，以本国私利为前提。这种友邦的资格，不应妨碍中国去谋一己的利益，自力更生。为达到与西方列强平等，唯一的途径，如有同样情形发生，也不应妨碍他去供给汽油烂铁给他"友邦"的战敌，或是封锁"友邦"的生命线，以买中立强国的欢心。

　　我已看准，这是必然之势，是中国达到国际平等地位所必趋的路，什么沟通文化促进邦交的话都不关事。因为今日中国初次加入列强团体，正像小儿初次上学。这小孩的母亲谆谆嘱他入学要谦恭和让，才不愧为有礼人家的子弟。但是我是这小孩的亲叔，那个学堂已进过了，那般学生的道德行径也深知熟悉了。这亲叔看见他侄儿头一天回家路上被同学殴打，就脱下长褂，教他侄儿回击自卫的拳术，并告诉他这是在那学堂叫一般同学看得起的唯一方法。我劝那小儿不必啼笑……谁敢说那亲叔的话不是呢？这样一回想，我心中就有把握，而此后我国再受人欺凌，再吃人巴掌，直到武备平等之时，我也再不慌张，方寸不乱。因为我已算好，这是现代文明世界应有的事。

第二条结论是一种妙悟，一种玄深知远的直觉。我展望中国强盛起来，苏俄强盛起来，而全亚洲民族都强盛起来。我知道这四万万五千万同胞的国家，全统一全醒悟起来，而且经过这次烽烟战火的锻炼，一定蒸蒸日上，自己既有更生的力量，任西洋国家如何压迫，再也不会受人压在下头。

这样肚里一算，我心气就平下来。现在我看见这些夜郎自大的国家，以为武力统霸世界在希特勒虽然失败，在他们手里可以成功，我并不发恼，肚里只觉好笑。只是相信武力霸道之冥顽，看来有点不耐烦。于是这段期间胸中一团脏气，憋得我头昏脑涨动弹不得，一旦烟消云散，痰迷一通，五腑六脏舒畅起来。我走回家，入厨房，开冰箱，放声而笑。我的女儿说"父亲怎么神情大不相同了"？

人心委实奇怪，能受多少，就是多少。新近在朋友家，大家谈起私生子问题，把世界立身成名的私生子总检阅一下——所谈的是历史上庶出或野合而生的名人，不是纽约汽车夫之所谓Bastards【略同"畜生""猪猡"】，这就包括纽约全市的行人了。我们讨论私生子所受的冷眼奚落，有的就此退缩而屈服，而有的个性倔强，竟能克服环境，而因受过冷酷的待遇，益发立志磨砺而自强。孔子便是一例，嬴政也是一例。如果意志坚强，定可超脱物境。有时一人有相当的聪明毅力，什么沮丧失望都可化成一幕啼笑皆非的把戏。

以人心之聪明智力，遇见尘世的混浊、虚伪、顽固，则不期而然喷出奇丽的火花。我以为人心智慧的功用就是喷火花。所以像瓦特生【行为论的心理学家】和那群科学低能儿，认为人心只是听见吃饭摇铃引起反应，而不是对此人间世之嚣张乖戾妖言诡行发起反应，你只好拂袖而别。

所以大家只好在这苦中作乐。我承认现代世界戏场是悲多乐少。这十年间人类精神上的苦痛我已觉得。我不相信从这种精神的荒漠上会突然有一种新世界新天地出现。我四面都闻见尸体腐烂的秽气。人心同人身一样，发出一种气味。某一派人就有一种鼠味，这派人专门亲善阿陀、昭和及佛朗哥【奥国皇室阿陀太子，美国某部曾经暗中拆他台】。有些人味若从久年密封的香积橱出来。这在当代是令人哀痛的。你想上次大战，大家都相信那是"了结一切战争之战争"，并且立志要使他实现，到了第二次大战，没有一位我读过的作家敢悄悄暗示，这是了结一切战争的战争。而依此主张做去，岂非大可哀哉？

你越爱好你的理想，越觉得心痛。比方说，你愿意看见印度自由有小小的积极的进步，因为印度问题代表世界一切民族自由的问题。你真爱好那个理想，但是有人摧残这理想如摧折一枝花，你就觉得心痛。

幸而世界上的悲剧都有滑稽的成分。古今中外，由冷眼细心人看来，没有一代不是像一座疯人院。古今中外，没有一代不出几位小丑。这使我想到德国诗人海涅在他《旅中画景》书中的一段妙文：

> 是的，就在世界悲剧最凄疼的一幕，也有令人发笑的事发生；……在这宇宙大剧场，一切与戏台上一样。也有醉汉登台，也有皇帝一时忘记戏文，也有布景任拉拉不下来，也有后台对读戏文者提醒演员的声音太响亮，也有舞女艺人运用大腿的诗意赢得叫彩，也有面具化装——这面具化装就是全剧的精华。

而天上呢，可爱的小天使坐在前排包厢，拿起手提眼镜，下看人间的丑角，上帝自身正襟危坐在正厢，或者觉得不耐烦，或者正在估算这位演员薪水太高，那位演员薪水太低，而没有一位扮演得好，不久总得叫他们停演，关门大吉……

呜呼，我们的当局不是神明，只是矮小疑是疑非的常人，像那些忘记戏文的皇帝，而我们小平民得充当后台对读戏文的人去提醒他们。有时像北非柏卢敦【美国外务部抉出来人物】一出戏唱得最热闹的时候，美国后台提醒演员的声音的确说得太响亮。平心而论，提醒者的本心，也是为这一场戏的好。然而老演员常常忘记戏文，并不限于美国；全球各处，这戏唱得不很顺利；或是北非洲一幕，或是西班牙一场；仿佛到处都有混乱的喊声；还有奥国一幕，老板同提醒人还在争吵，应否让奥国皇室阿陀上台；还有印度打成一团糟的一幕，在那里为自由而战的人正向为自由而战的人挑战。

可是且别忘记，提醒戏文的人真能挽救一幕的危机。名角记性不好，及时给他点醒，还可以玉成他唱完一出好戏。戏唱完了，帘幕迭次上下之时，这点醒他的人也愿意帮同鼓掌，并递送花篮到台上去。但正在扮演之时，看见那老角色再三再四忘记戏文，甚至全剧主旨都似乎不甚了了，这时对读戏文的人自然心慌。闭幕之后，老名角站在台旁就会咒骂那提醒的人："你这混账好管闲事！我什么都记得清清楚楚。"到那时提醒的人自该上前去恭维一声："那还得说。鑫云伯，这出戏你一生就没有唱过那么好！"

所以这幕戏唱时叫你悲喜交集，而艾登和赫尔在第二幕业已开幕之后，才在演习那段应该排在开场关于苏俄的序幕。这戏台上也有仙圣，也有妖精，也有民主主义者，也有帝国主义者，而据说帝国主义者正在为民族自由而战，而民主主义者正在为帝国主义而战——这等于说，大家都在为输将各私有地盘而战，或者正装这种模样。甘地禁食祷告，这是一种怪事，叫耶稣教徒都惶惑不解起来，而哈利法斯爵士【英国驻美大使】声言，倘使他以一个圣公会的教徒资格，竟登印度总督府的屋顶去祷告禁食，本国人会把他送进疯人院。还有安琪儿爵士（Sir Norman Angell）【英国作者，以前做个好书，现在美国替本国宣传】力争自由的权利，而同时又力争英国争夺印度人力争自由权利之权利。窃想天上可爱的安琪儿坐在前排正厢拿起手提眼镜下看这出戏时，不知作何感想，我感觉 1942 年是天上安琪儿为人间同名者挥泪之年，如果安琪儿也有泪的话……

　　在这世界悲剧之时哈笑有点不该。但是点醒戏文的人用心是纯正的，虽然他喊的声音太亮时，也无端多叫在座观众发笑，因为错误总是好笑的。每个时代有他的丑角，而这些丑角叫你发笑。大人大错，小人小错。然而大人最好指出小人的小错，而最不喜欢小人指出他们的大错。错误是大人可铸成的专利，也是等到大人已成千古后小人可以指出的专利。一旦瞑目，傀儡戏就收场，而我们就运用我们的历史观。死者不争不辩，不泄秘密，死的检察官不会由棺材里伸出手来删削后世的文章，所以让他们在今世有此删削的快乐。今日我们已可非笑张伯伦的荒唐，及凡尔赛和约当时炳耀一世的英雄，和已往十年间国际联盟官僚的错误。因为他们的错误已经铸成，无法补救，而指出已往的错误叫做有历史赏鉴力。先定一个方式，说过去的祖先贤圣都有隙越，但现在的世界领袖必须除外，这样决不会出岔的。所谓教历史也者，乃我们须教历史而不可令历史教我们也。

　　天下事莫不有个时宜。我们 1940 年代的人，可以笑 1930 年代的人的错误，而轮到 1950 年代的人，他们也可以笑 1940 年代人的错误。好在眼光放远一点，就有了历史赏鉴力。大战完了，花香鸟啼，世界还是世界，在啼笑悲喜之间流动下去。有时悲多喜少，有时悲少喜多，有时简直叫你哭不得笑不得。因为自有人生，便有悲喜啼笑，等到泪水干了，笑声止了，那尘世也就一干二净了。

业缘篇第二

——此篇言唯心史观并解释"事功不灭果、报循环之理"为全书立论的张本

　　但是如果我们用历史的眼光来观察现世，我们便遇到一种难题，这是历史科学所无法解决而历史经济观一派所常欲避免的，因为这一派辨不出他是牛是马。这就是历史上所谓"不可思议（imponderables）"的东西。【按时论家历史家常以此字代表非数字所能指定之因素，若民族个性社会心理等，常对物质条件而言。】Ponder（"思议"）一字原出拉丁文 Pondus，意为"衡量"，所以这字于我的意义，不是叫你不可思议，而是叫你不可衡量。在于讲历史"科学"的人，这是何等可怜的告穷的招供？【按科学非衡量其所研究的标物不可。】但是这东西明明摆在那里，也没有重量，也没有体量，无色无形，叫你不可捉摸。

然而我们谈起目前的事势政策时，虽然只愿谈物质的数字，比如有多少架轰炸机坦克车可以击败希特勒，一旦谈到几十年的历史，便忽然变成唯心家。常常要承认有所谓"不可衡量"的成分，或称为"精神上的力量"，或称为"心理上的要素"【如"民气""士气""国家元气""思潮"的权力等】—— 一种科学所不得分析的剩余物。换言之，我们巴不得承认精神史观【或唯心史观】。但现代人的思想习惯，最讨厌的是不能方便衡量，或分析，或化成数学公式的东西。假如我们有个定量电表，可以测量民气民情的"电压"度数，我们马上就明白了。可是事实不然，所以只好像对强敌让步一般，我们把他放在化验室之一角，口里喃喃自语说"不知那是什么东西"。

所以我只好谈起佛法说业。【按梵语 Karma "羯磨"指身心言行必有苦乐之果，名为业因，通常所谓"宿业""现业"之业也。】印度人早已发明道德行为善恶果报的因缘，要明白这道德上的缘法，必先用历史眼光去透视。简单地说，这是一种论说，谓吾人对于我们的身口意行都要负责，这些意念行动和过去与将来，都有因果的关系，结不了缘，而且我们无法逃出这因缘果报。这近似科学对于物质宇宙所谓动力的因果公例【凡动力因果必相等】，及物质不灭气力不灭说。普通耶教徒及普通佛教徒要将这因缘果报移到来生去，证明他们尚未深知这道德行为的果报在现世已有适当作用的原理。

近谈罗斯福总统在林肯生辰广播词文，发见林肯是婆罗门教徒【羯磨之论，起于婆罗门；美国 1860 年左右唯心论哲学家若爱默生（Emerson）等绰号为波士顿城的婆罗门（Boston Brahmin）；爱默生实受印度古代哲学的影响】。老实说，谁相信我们心思行为的缘果不灭，便是婆罗门。罗总统广播词末引林肯的话说：

诸位同胞，我们不能逃避青史。我们这届国会及这任政府的人，不管愿意不愿意，都要留名后世。无论地位贵贱、事情小大，没人可以逃出这个关节。这回我们所亲历的烽烟战火，要烛照万世，或者遗臭，或者留芳。【美国南北战争时林肯对国会演讲词】

在这一段话中，林肯恰巧把业缘论说的要点说得恰当无遗。"我们不能逃避青史"——这便是业缘。在1862年林肯可以阐发这意思说："我此刻说话的声音，似消沉于空间，而实留存于永久。如果我们有一架科学仪器，可惜现在没有把这声浪精微的表记出来，或者可以发现这声浪传播宇宙。我们的道德行为的播下业种也如此。""不管愿意不愿意，都要留名后世。"——这是无法逃避的。"无论地位贵贱、事情小大，没人可以逃出这个关节"——极细小的事件，也留个缘果。"烛照万世"——因缘生法，万世不灭。"或者遗臭，或者留芳"——善恶宿业时时跟在我们身上。换言之，现在及过去与将来流动中之一刹那，紧紧被业缘系住。"现在（now）"这字没有数学上的意义或畛域，由 n 写到 w 时间已倏忽不见。我们是浮动在时间的潮流上，时时刻刻存于昨日与明日之间。

依这婆罗门学说看来，所谓"先打胜仗，再谈打仗之所以"简直荒谬绝伦。时间不容你这样割成断片。先打胜仗，丘吉尔的立论在哲学上不成话，这是基于他受已往的牵制及对将来的畏怯。因为他全然不愿意排除已往，并且大大愿意逃避将来。一个人连战后和平问题都不敢着想讨论，必然是昕夕惧怕将来。我知道并且看到 W-t-w-F（即 Win-the-war-First）丘吉尔也不能免俗，也被迫于来到胜利以前，随时讨论到英国殖民地的将来及波兰的疆界。然而日月如梭，业轮常转，要把丘吉尔漂流下去，正像春泛把落叶漂到堤坝，早晚是要飘泊到那他最怕的和平的堤坝——除非他是被时潮撇在后头。

物理学有条公例，叫做"动与反动必相等"。像宇宙吸力公例，这条公例说来很浅易严正。说这种浅易严正的一句话却不容易，因这句话的后头有些复杂的数学公式，也许长到二十七个字母，为常人所绝难了解而未曾料到的。业缘这条道理，说道德界上的动与反动必相等，也是同样的精微玄妙，但不那样容易用数字来证明。佛家说宿业，说这是"积"渐下来，功德与罪业是由日积月累，由我们的身心意念口语的一切作为积重难返而来，正像物理上的"动量"，由小推进、小稽延、小牵住而消长生灭。所以人生在世，总由宿业积渐而达到某种果报，或是正觉，或是沉沦。释迦在《法句经》（昙钵偈）开场，就用心理说法说得清清楚楚。

> 心为法本，必尊心使。中心念恶，即言即行，罪恶苦追，车轹于辙。
> 心为法本，必尊心使，中心念善，即言即行，福乐自追，如影随形。【按见双要品第九，巴利文缺首八品故以此为开场。Max Muller英译，首二句尤比中译晓畅："法缘心造，以心为基，以心为体。"】

这种道理需要一点印度人的想象力，才会把精神上的东西看得像物质上的东西一样当真。假如我们的法身有个形相，我们可以看见这形相是由我们的意念构成的神经络，像主管肌肉动作的神经发生动作。这些动作影响本人及他人的总结果，便凑成人类社会的一种动势，而决定个人及人类社会将来的事势。善有善报，恶有恶报，这像打床球，一粒推动一粒，并由其推动之角度猛势断定第二粒的去向一样的准确不易。这便是人生行为思念负道德上的责任的一种学说。佛家言"法轮"便是指此，在比较悲惨的意义上，也叫"业轮""业障"。

这道德世界公例的一种说法，可谓差强人意。这说法可谓相当的谨严，谨严精严是我们【科学时代】所要求的。我们已经惯谈经济。一包棉花，或是出入口过剩，或税率高低，大家容易了解，因为打包数字总是清楚明确。"一包棉花"，容易了解，可是"一包友谊"，或"一包合作精神"总不大成话，而我们最恨的是那些笼统不着边际的话。有时偶然，我们的（指西洋）外交家心神不定，却撇开实地，唱起高调谈什么"威武不能屈的抵抗精神"，或是"人类爱好自由的力量"，听得人不耐烦起来，骂他们唱高调。又有时评家社论家也心神不定，忘其所以，大谈起"历史不可捉摸的权力""心理要素"，及"不可思议"的东西，宛如真有其事。

老老实实说，我们【讽西洋】最恨去思议那些不可思议的东西。越思议，思想越不清楚。而那些跟着现实思路很清的国会议员及政客，便齐声喊骂，说这些高谈阔论，无补实际。这时我们心窝里，有点丧魄，有点颓唐，自愧不该违犯时代的精神。于此决心，下次只说入口限额，脚踏实地，上帝鉴佑，当不致陨越。如果下次专谈争权夺利毫不退让大家可能的话，个人名誉尚可补救。比如提高生活程度——纯动物的物质生活程度——或是工资最低限度，或是收入保障。这谁也不至于误会。归根结底，一切可折成黄金，除非是银两，因为这是黄金时代。俗语固然说"闪烁未必尽黄金"，因为还有锑，还有钨，然而至少钨锑有个价格可谈。

所以现代人讨厌空谈仁义道德，这很易解。可是世上偏有许多东西，叫你无法衡量或证明。比方说，个人的尊严与平等自由，这是无法证明的，因为科学决不能证明个人有什么尊严，连自由都无法证明。正正相反，科学如果是科学，只能证明世上无所谓自由，不然科学的机器式的定律到哪里去了？这些精神上的东西，永远不可捉摸，只有远远地神出鬼没，似隐似现，却也无法否认他的存在。在我们忘其所以比较不科学不数学化的时候，我们深知这些道理有个真谛，只是不即不离，若有若无，像个巫山神女，在我们半夜三更闭门独坐之时，偷进室内，用手从后头掩住我们的双眼，轻轻地说："你猜是谁？"朝朝暮暮这神女要来临，可望而不可即。只有相信精神生活的人，看来十分真切，仿佛身体形相俱全。

印度哲学的业缘学说，却是谨严得可怕。真理合算，公道也合算，而如果印度玄学是真的话，灵魂的自由也可叫你年底大分红利。事实上，佛陀及婆罗门等出词不致如此鄙俗，但是道理意义委实如此。如果我们相信精神的东西也会叫你有报，有时且有很好的收报，如果我们能证明在道德上，如在物界上，动与反动是相等，我们便可去探讨那些不可思议的东西。所以"羯磨"（Karma，即"业"）这一字，在我成为申明历史的精神观的工具，成为排斥经济的原因与救策，而确称道德的因果的工具。除非我们明白这点，所谈战争与和平的话，都不会超过我们所谓"猪与泔水"（养猪见识一般）的经济学（Swine-and-slop economics）。

中日战争，便可引为业缘的好例——暂时不说业缘二字，只称他为不可捉摸的潜势力。中国反抗【反动】之强度，可以证明正与日本前期残暴不仁【发动】之强度相等。凡讲宿业，都讲数十年"积渐"的功罪阴隙，一旦发为果报，见于事端。试问中国全国团结一致，没有武人对敌投降，这种精神上大力量何由而来？

只有把这力量看做日本暴行的反应的总结果，才会明白。我只在那篇长账指出数条：民国四年之二十一条件；凡尔赛和会上割据山东之野心；二十年东三省之侵占；二十一至二十五年间腼腆无耻

在陆军及领事保护之下大规模的华北走私；二十二至二十三年之进
窥察哈尔；二十五年之暗袭绥远。自二十至二十六年间，反日示威
的行动，全然制止。但是民气的高涨激昂，虽然不可捉摸，却日积
月增，到了今日结成中国国民一致英勇抗战的原因。不但如此，依
业缘说法，极小的作为事端，也有余波及于后世。像山东交涉员蔡
公时，一个中国外交官，横遭日人剜鼻割耳戕目，这局部事件，也
在中国国民的心理上精神上留下痕迹，和南京大屠杀大淫戮一般。
日本人以为"此案了结时"，那"事件"也同时了结；据业缘之说，
这案并没有如此了结。日人不能逃避历史，中国人也不能逃避历
史，这是中日所以不得不决之一战的原因。张山来说："胸中小不
平，可以酒消之；世间大不平，非剑不能消也。"《幽梦影》在这种
地方使我们看见伦理上的因果关系，十分显然。【经济史家否认英
雄伟人及民气民情思想信仰之力，参见化物第二十。】

　　看看西方战争，也是一样。如果有人能用电表测量珍珠港之袭
击在美国一万万三千万人胸中所激起电流的压力，他可以断定这次
袭击在精神上大不利于日人，和其物质上初期大利于日人相等。但
是今日外交家军事家正忽略鄙夷这种无形的电流，像硁硁然小人要
去指挥历史上的最大战役。

　　天下事都有个消长起伏之机在焉，只要我们眼力看得出。像金
类或 lucite【化学新品】受击时，那击力传于物质的奇异纹路，人
眼看不见，但用 X 光线照出来，可以看得见。曾听见反对吃素的人
说，你切断一条萝卜，其惨痛情形，猛发的电流不啻哀鸣的声音一
样。我们听不见被宰割萝卜的哀鸣，希特勒也算不出被宰割的欧洲
所发出业流的声浪（Karmatic currents）。【即"羯磨流"，自造新名
词。】但是过了些时，果报一现，历史就要指正他的存在，昭然若
揭。希特勒不能逃避历史。换言之，希特勒不能逃避他的业障。我

真可惜希特勒不信佛，不然他倒要聪明些。

但忽略历史的业流者，并不限于希特勒。我们同盟国也不承认有历史潜势力的"业流"存在。我们置之不理，只顾依照养猪见识的经济眼光，去谋战争与善后的计划。我们简直不知业缘为何物。在经济学看来，人嘴与猪口一样；所有户口粮食税率的图表论文，只是计算猪口而已。他们仿佛说，你把这些猪分栏关起来，放够食料，而各栏的隔板造的高低适中，那些猪便会相安无事，而天下太平了。

时变篇第三

——此篇言亚洲之勃兴

但是业轮常转不停，这就是言历史潜势力正在破裂国际机构的说法。政治上我们却置之不理，倒行逆施，仿佛没有这种潜势力存在。但是因缘果报的公例非人力所能取消。不过我们收豆不肯种豆，收麦不肯种麦罢了。

这次战争最重要的事实便是苏俄与亚洲之勃兴，但是我们依然不顾。上文偶然对安琪儿爵士牵涉一句不客气的批评。当一位欧洲的开通学者而论，他大概不亚于他人。但是在欧洲开通学者的立场，他的所谓世界民族须要合作同舟共济是纯粹"白种性"的，而以苏彝士运河为限；特别是限于一种改头换面的"英美联盟"主义。【Union-Now 运动，数年来 Clarence Streit 所提倡：安琪儿是英人，新著名为 *Let the People Know*，专向美人说话，劝他们战后与英国携手。】他对苏联对亚洲的意识，还与英国守旧党亚思斗夫人见识不相上下。亚思斗夫人说："我愿意俄国及中国加入英美所建造的新社会，但是他们的思想念头必先学英人。"你想这种宝贝，除了伦敦以外谁会镶嵌出来？我好久没法解以下的算学哑谜：假使一人的脑袋直径是五时半，但是脑袋骨之厚也是五时半，里头空间地位有多少？

十九世纪世界的政治构造，已在崩溃，帝国已在瓦解——虽是不愿意。如果我们看得见在亚洲澎湃而来的潮流，就得把这世界战争看做世界政治构造的革命。这场革命，是亚洲发动到欧洲，不是欧洲发动到亚洲的。事实上，我们正在看见地球重生临盆的苦痛，却看不见"新自由之诞生"【林肯语】。

亚洲勃兴的势力已在步步前进。日本正在恃武力来修订世界的地图，中国正在恃坚强的自信力及直上青云的志向，来改造亚洲民族在世界舞台的位置。印度正在徒然向侦巡机队武装巡警及皮鞭祷告来改良他的苦境。但是同盟国犹懵然未觉，倒行逆施，直向业轮的缘法扑来。然而不仅在亚洲，在全世界有潜兴的势力起来，要求林肯所预言的"新自由之诞生"，使世界不致"一半自由，一半奴隶"。这些势力，使我们的平常观念传统脱了衔接，只因新形势来的兀突，我们当机仓皇失措，束手无策，不能毅然去对付新局面。治本之条理既未立，我们只在治标上面剜肉医疮，应付不暇。

我不常引耶稣的话，这次非引他不可：

你们看西方云起，便说雨快到了，而果然雨到。你们看见南风吹来，便说天气要转热，而果然如此。你们这些假君子，你们见到风雨先兆，怎么这回倒见不到征兆呢？

亚洲的勃兴——我把苏联当做一半属于亚洲看法——是这次战争最重要的一桩事实。这事实已把我们作战的秩序单推翻，也要把和平的秩序单推翻。他要把一切都推翻，只有亚思斗夫人的"英人思想念头"推翻不了。仔细想亚思斗夫人"思想念头"的催眠魔力，一瞠眼会叫这世界革命停住。但是我确信，就使我们要想把十九世纪的国际构造改弦更张，保留相当白种统霸全球的局面，此刻已嫌稍微太迟。今日的亚洲已经振袖而作，不肯屈居人下，也已长得太大，不便打屁股。西方只好准备与亚洲合作，不然只好准备下次更伟烈的战争。

海明威由中国回来，叙述某位中国军官的话："你想英人为什么带独眼眼镜呢？因为他留一只眼要看见他所愿意看见的事实，还另一只眼避着不看他所不愿意看见的事实。"德国军官也是好带独眼眼镜的。但是这就是中国人同美国人所以不好独眼眼镜的理由。亚思斗夫人的真意，是说俄人华人都应带上独眼眼镜，可是不幸我们并不稀奇这种东西，俄人也不稀奇这种东西。由此观之，似乎很少有看见"苏俄与中国加入英美所建造的新社会"的机会。我个人在华人立场，宁可叫新社会滚蛋，维持我们双眼正视的光明。

亚洲之勃兴就只有一种意义：帝国主义时代之收场。谁也不能制止这个趋向。如要保持十九世纪的制度，白种人只有勒住中国与苏俄的喉咙之一法。可是此刻稍微嫌迟了。西方还可以试试做看，如斯必克门教授【耶鲁大学国际政治教授，去年新著《美国策略和世界政治》，详见血地第十七】大胆教我们的方法："且须记住，无论将来联治调整取何方式，局势却正与开始大战以前一样。除非美国继续奋斗，直到他不但打倒他现在的敌国【德与日】，并且打倒他以前的同盟【华与俄】，战后时期就有许多独立的国家的一种世界出现。"这种有许多独立国家的世界，是斯必克门教授所不敢想象的。我们美国大学课堂上所教的当真就是这种政治学说吗？我还记得第一次大战期间，"强权政治"这名词还得用德文写作"Machtpolitik"，而且含有德国味道；到了此刻，已经无须了，英文 power politics 这两字已经通行易晓，而德国思想已从中征服我们了。

事实上，凡一民族，只要有中等的聪明，经过相当时期没有不崛起的。试问十九世纪的帝国主义怎样起来，白种人怎样征服全球，怎样会自信是优胜的民族呢？因为白种人有来福枪大炮，而亚洲人没有。简简单单如此而已。你研究庚子之乱及百年前中法之战就明白。那时中国兵士带洋伞持刀枪，有些还带弓箭。到了光绪年间才听见有袁世凯练"新军"。所谓新军，就是说只有该军有来福枪。这么一指出，未免令人扫兴。但是退一步说，可以假定两军角斗雌雄，一边只有鸟枪，一边有克鲁伯枪的情形，也就明了。

读者至此，必能明白，如要永久把亚洲压在下头，唯一合理的方法，只有教亚洲民族不会用来福枪大炮，好像此刻保守美国轰炸瞄准机的秘密，不令敌人知道一样。但你明白，经过长期几十年，这是办不到的事。有一百年间白种的帝国就是靠武器的差别来维持。这第二次大战忽然揭露的，就是此刻日本、中国、俄国都有枪炮。这一件事实，将改变全世界的历史；那机器的差别消失了。不但此也，日本人的英勇作战并不亚于白种人；俄国人也如此；中国人也如此。而且大家都在作战。现在怎么办呢？缴除他们的武装？用世界保安队去防范制裁他们？用克尔伯森说【见簿书条十六】的"限额方法"如华府会议对付日本订出 5：5：3 海军比例的方法，去压得使他们不得抬头？

所谓白种人的文化使命已成个闷哑谜，而似弯弓回击射士。白种人传授《圣经》与黄种人。他本应把他自己所绝不用的《圣经》

传授他人，而他自己所最善用的枪炮秘而不宣。他本想如在用大炮击死几个黄种人之先，已用《圣经》把他们的魂灵救上天堂，也就于心可以无愧。可是他算错了。现在黄种人学他们的乖，对于《圣经》也藐然视之，而从此魔鬼的孽种，白种和黄种在内，拿起汤密枪，就可把这世界化成血染的疆场。这是说，假如我们思想还是那么幼稚，只管将欧洲的道义标准移到亚洲，而将白种人的强权政治放大范围施于全球世界，那末这全球世界就变成一个几十年一次屠戮的大战场，正如欧洲自身一样。

我们知道凡是"思想前进"的人，包括几位大学教授在内，正在朝这方向想去。欧洲那种混乱崩溃的前因后果，他的道德伦理标准，将成未来世界的模范；霍屯督生者人人每天都要有四杯牛奶喝；印度人都要穿起白领挂起领带；马达卡斯卡岛人也都上礼拜堂做礼拜：而全世界的人都要叩谢白种文明。这便是白种人的文化使命，是欧洲文化赠与世界的恩赐，不过——这也得承认——几十年一次火山须得爆发，而那喷出来热烘烘的矿渣须得波及爪岛或缅甸那里某乡村。但反过来说，乡下人可以天天喝四杯牛奶，那不很合算吗？

其实我们对于这时变的解决很为简单。白种人正在对世界各其他民族说："我们要求纯全，学我们在天之父的纯全，但是汝辈只消学我的纯全，学我的思想念头，天父对汝辈很满意。就是汝辈皮肤稍黑，上帝总会饶恕你们。赶快到外边去玩。"这便是斯忒赖忒（Clarence Streit），安琪儿亚思斗夫人的新耶路撒冷。

述古篇第四

——此篇引证古代雅典不能解决帝国主义与自由之冲突以致希腊文明自杀为下章张本

上文所指出因亚洲勃兴而发生国际新局面的解决方法，在于我认为不满意，不令人起兴，世界的自杀总不会令人起兴。

斯必克门教授愿意看见美国勇往前进，继续奋斗，只须再打几次仗，消灭一两万万俄人和四五万万华人，直到他可以称雄独霸全世界——他情愿如此而不愿看见"有许多国家的世界"。我倒愿取第二条路，斯必克门教授那种先知先觉大学教授的腔调，令人想起斯彭格勒的悲观【Oswald Spengler，《西方文明覆灭》名著作者】胸中不快；我们非学者的平民总应乐观些。斯必克门的真意是叫西方文明简直自杀，学伯理克理斯《希腊黄金时代》的雅典的榜样。好，大家也来搬书籍，做学究，看看修昔的底斯怎样记述。【Thucydides，希腊的司马迁，所记当代希腊五十年间内战的 *Peloponnesian War* 一书，被称为希腊最客观公允的史书，为现代史家所极称赏。】

希腊覆灭，因为他未能解决帝国与自由冲突的问题。欧洲文明也须一样覆灭，如果他不能解决帝国与自由冲突的问题。怎样覆灭法子，我们不能效诺士忒拉戴马，预言其详【Nostradamus，欧洲的刘伯温，生于十六世纪】。但是杀机之隐伏，阶段的进展——这历史阶段以肉眼看来要经过几世，而在神仙及历史看来却只有一刹那——这阶段的进展步骤，却要与希腊自取灭亡的过程根本相同。以古证今，比类正正相合。读修氏古史的便宜，是在那故事中，版图较狭，而那古代五十年间的互相残杀倾陷，今日看来容易一目了然，便于研究。概括言之，那是从雅典海军势力与斯巴达陆军势力的角逐，及缺乏道德领袖才干的悲史。全希腊联邦的梦化成泡影，原因在于雅典不肯或是不能解决帝国和自由之矛盾。后人读史，容易指摘雅典人之倨傲不逊为那失败之心理上的原因。我们只愿今日世界联邦合作的梦，不太含北希腊联邦（Delian Confederacy）的意味，而没有亚力山大攀山越岭而来，征服希腊平原，将那文化炳耀一时的希腊世界一手荡灭。那幕悲剧的孽障在于那位青衣雅典，也有民主精神，也通脱自喜，也懂得爱好他自身的自由，却永远不懂希腊他国也一样爱好他们的自由。

读史有时就教人心慌。因古今雷同之处委实可怕。固然，雅典是民主国，这无问题，不幸的是民主国家也会自杀。人类的美术再没比雅典超逸；雅典人的慧心明理通达，格物致知，他们的美术崇尚朴实，归于中和。雅典的自负，良有以也。现代民国的总统要表彰他们国家的建树，或颂扬现代的文明，再也不能超过伯理克理斯《雅典王》在那开战第一年末阵亡将士追悼会上所盛称雅典人的文化生活。其口语很像美国总统在国会的演说词：

> 在未追悼阵亡将士之先，我要指出我们强盛的基础，由何样的文物制度及人生楷则，造成帝国的伟大。……我们的政体，不与他人竞争；他人仿效我们，并非我效他人。我们真是民主国，因为政权操在大众，不在少数人之手。但大家虽受法律平等保护，我们也尚贤才，国民的升擢，不是凭靠势力，是因才选用。穷士也不偏废；只要有益于国利民生，都可效忠国家。……在燕居时，大家可以随便，而在公事上，都能诚敬无亏；我们大家所以不犯上作乱，都因有敬上守法之心，尤尊重规矩礼仪，使干礼犯法的人，为公论所不容。此外，我们对于业余的休息消遣，也不曾忽略；我们一年中有按期的运动及礼节，在家有文雅安乐的生活，使我们解闷消愁，优游度日。因为我国的强盛，天下的货物都麇集而至，叫我们安然享受。……在教育上他们【那些纳粹的斯巴达人】从小就要受艰苦的训练，使他们英勇善战，我们却安闲度日，但是一旦临难，也不畏却！……

假使伯理克理斯是在爪岛阵亡将士的追悼会演说，说辞也不过如此。要是他要宣布1943年的感谢节【每年由美国总统宣布节日】，可以一字不改。因为他谈到德谟克拉西的要素，依那位史家凭记忆并想象出来所记载的词句，正像《纽约时报》一篇社论：

> 我们尚美而能反朴，崇文而不懦弱。……雅典的市民并不因私而废公，就是商人也有相当的政治认识。惟有我们才把一位不管国事的人不认为守己安分，而认为庸碌无用；虽然不是

人人能建议方策，大家都能评断政策的是非。依我们的看法，商量讨论不是妨碍进行，事端之妨碍乃在未经妥筹熟虑详慎讨论去贸然进行。因为我们特有先思而后行的能力，而他国只是蛮干。……总括起来，我敢说雅典是希腊的导师，而雅典人个人都有临机应变处危不乱的才能……我这样表扬雅典的伟大，因为我要昭告全国我们所争战维护的，是比没有我们所享受的幸福的他等国家更伟大庄严的宗旨。……

雅典民主之建全及其人生哲学，没有比上文说得更剀切精透。不幸的是，雅典是帝国主义的民主国，而希腊各国还是半享自由，半为奴隶。雅典已经过他的"第一次大战"——希腊与波斯大战及莎兰米海战大败——犹不致亡国；所以引起希腊内乱频仍而至亡国者，是因为没有王道的领袖才干，及雅典之倨傲骄横，不肯承认全希腊各城的自由平等原则。哥都罗芬教授说：

波斯战争以后，雅典统治北希腊联邦，遂有第五世纪的大问题排在目前，这就是靠海军力量的帝国主义民主国【雅典】与靠陆军力量的守旧贵族政体国【斯巴达】发生冲突。因这南北战祸绵延，希腊各国又没有一个能做贤达的盟主，同时，全希腊主义失败，又加上希腊各国永不能真诚合作，以致发生第四世纪的政治解决【Francis R. B. Godolphin, *The Greek Historians* 序文第 29 页，30 页】——就是自杀。

如果古今类似之点，不这样吻合，倒也罢了。然人情狡黠，妒忌猜疑，强权倾轧，舞弄是非，古今无别，正如修氏所假定。所以他预言："后有读者读吾书，对于往史及因人情之常而复见于将来之故事，欲明个中真相，而认为此作不无少补，作者可以无憾矣。"

述古证今，同类之事多得可以使你踟蹰不安。雅典是个民主国，是个海军强国，和陆军强国斯巴达作战。杜兰蒂【Will Durant，美国著名作者】说得好：

> 其战争之基本原因，乃在雅典帝国之日臻强盛，及其独霸伊坚海面【希腊东海】之贸易及政治的发展。在太平时代，雅典准许自由贸易，但是都要得他钦准；船只未得他的同意不得航行海面。雅典辩护这独霸海洋的政策，说是国家命脉所在；他的粮食要靠他国输入，所以非维护那输运的航线不可。这个国际贸易的航线由雅典保护，于伊坚海的共存共荣，也不无裨补，但是雅典势力日益高涨，希腊各属国日益富强，就对此种情形也日益不满。【*Life of Greece*，《希腊生活》第 439 页】

雅典对其他各国施行治外法权。凡雅典籍民与联邦籍民发生诉讼，须到雅典的法庭诉审，只有雅典的法制是文明法制，但是我们也不必幻想，以为那些陪审的雅典市民都是大公无私的开明学者，毫无国家观念，不会鄙夷异族，曲护同胞。

那时希腊天下以自由平等为原则建设联邦共治，本为长治久安唯一的希望，而这时联邦已变一出把戏。因为不管取什么方式，假什么名义，雅典非独霸全希腊不可。因要共同维护这世界，抵抗侵略的国家及国际的强盗，所以，雅典必须主管以联邦的名义征调海军。只有国际警卫队才能维护伊坚海的国际和平。这把戏愈弄愈不成话，后来雅典用武力强迫他国参加这国际联盟；谁不参加，就堕他的国都，来共同维护此刻所已明目张胆号称的"帝国"。杜兰蒂说：

据修氏所说，雅典城的民主领袖，虽在本国崇拜自由等于偶像，却已坦白承认那联邦已成武力霸治的帝国……崇拜自由与帝国霸道的本身矛盾，又配上希腊他国的倔强自好，遂使那黄金时代归于灭亡。【前书第 440 页】

修氏自己是雅典人，倒也公道地告诉我们，那回内战的真因是雅典的霸道，雅典所要强制决心实现的是雅典式的和平（Pax Athenica），他们主张自由贸易，因为所需粮食须由埃及及伊坚海北运来，并且恰合现代识得采用经济封锁手段。米加拉（Megara）城叛变，归附雅典的敌国哥林多（Corinth）。雅典王即令禁止米加拉的产品运入雅典辖境。米加拉与哥林多便向斯巴达求援。斯巴达出面调停，要求取消这经济封锁。雅典王答允，但要求斯巴达辖土须开放门户，准许国际贸易。斯巴达也答允，但交换条件是，雅典须承认希腊各城完全自主。伯理克理斯偏不肯经管清理大希腊帝国，而斯巴达就此宣战。修氏说："我相信此战真实而未曾道破的原因，是雅典威力之高涨使南方诸国畏忌，迫得他们主战；但是当日公布的开战理由如下……"就是另一说法【Peloponnesian War 卷一第二十三章】。

所以希腊之亡，亡于伯理克理斯的雅典之手。穷兵黩武贸易争利为战争之源，古今一样。雅典之骄横弄权，产生一种强权政治的因果圈套，正与现代相同——同盟离叛，合纵连横，汝诈我虞，朝秦暮楚，强则欺凌小国，弱则讨好邻邦，于是内战频仍，卒归覆灭。杜兰蒂断曰：

在他（伯理克理斯）治下，雅典文化已臻绝顶，只因这致强之术，一部靠强制盟邦的富力，一部靠惹人猜忌的暴力，所

以黄金时代的基础不健全。到了后来，雅典人的政治手腕不足
以应付和平策略，亡无日矣。【前引书第 442 页】

我们当不至于头脑简单，以为帝国主义的民主国家的问题，到
现代世界才发生。雅典对于强权政治的原则及武力至上主义，都已
熟稔。他们知道帝国的尊严，专靠强硬手段对待属国。像印度总
督，他们用强硬手段对付恢复自由之国，这强硬政策叫他于米罗斯
（Melos）岛叛变之后，屠杀一切壮丁，并将妇孺入籍，役为奴隶，
虽然他们自己爱好"自由"与"德谟克拉西"。迈提罗斯（Mytilos）
岛叛变，就斩叛变领袖一千名的首级。盖帝国主义的逻辑不得不出
此。所以【雅典议员】克利翁对雅典国会说："你们须明白，你们
的帝国是凭恃武力威镇属国的专制制度。那些属国百姓常在阴谋叛
变：你怎样克己待他们，也不肯输诚悦服。只有武力到哪里，他们
便顺从到哪里。他们何尝爱你们？故惟有出诸威镇一法而已也。"
【修氏前引书卷二第三十七章】

雅典人最长议论，他们也会排斥"道义"，发挥强权政治，辩
护"从权"政策【"expediency" 罗斯福辩护北非政策语】。在那雅
典人与米罗斯人著名的辩论一段中，雅典人说：

你我大家应说老实话，不要高谈阔论。因为你我都明
白，世间上所谓公道，只有双方力量抗衡时，才会攀上那一
套。强者能取什么，就要什么，弱者被迫到哪里，就得让到
哪里。……谁有本事，就做主子。这是天经地义，人类确实如
此，神仙也许如此。这弱肉强食的天经地义，并非我们所发
明，也非由我们创始；我们只是受之先代，而传之后世罢了。
我们确知你们及全人类，如有我们今日的权力，也必如此作

法。【前引书卷五第八十九，一〇五章】

这些话之透辟详尽，就使德国外交部长利彭窦洛浦（Ribbentrop）或是前任印度总督林离高（Linlithgow）也无以过之。

雅典人深信强权武力牢不可破，以致他们的和平策略失败。希腊却也相信一种因缘道理，叫做 nemesis【冤冤相报】；骄横（hybris）必取覆灭。希腊的悲剧中常反复表彰此义，但在国际政治上都茫然无睹，虽然我们也不比他们高明。

在雅典人和米罗斯人对辩一段中，有一种滑稽意味，很像伊索寓言。雅典人很像猫哭老鼠威吓利诱，要迫他们加入他们的"世界大联盟"，而米罗斯人像老鼠见猫，求他们大发慈悲，准免享受归入雅典老母猫肚里的殊恩。你把今日印度代替米罗斯人读去，便得了一副修昔的底斯式的现代政治画图：

> 米罗斯人：你们做我们的主子，固然有好处，但是我们做你们的奴才，怎会于我们有利？
>
> 雅典人：你们的好处，就是屈服可免吃面前亏；而我们的好处。也因保存你们而得便宜。
>
> 米罗斯人：但是我们一定要互相仇视吗？假使我们保守中立，与你们亲睦，大家不能好好做朋友吗？
>
> 雅典人：不。还是你们的仇意比你们的亲善来得干脆。因为仇视态度，在我们的属国看来，表示我们的威风，而你们的亲善，反见得我们示弱。

丘吉尔于 1943 年 3 月 17 日在英国议院演讲，拥护殖民地部长司丹雷（Stanley）的强硬政策。说完时，工党议员德戴尔（John

Dugdale）质问，丘首相知道司丹雷那篇"稍微骄慢的话会在美国及大英联邦引起反感？"丘首相答道："我们固然不必骄慢，但也不可示弱。"

　　修氏能于两千年前将现代政治家的心理动机这样剖析入微，足见古今人情本来一样。就是苏格拉底限定三十天赴死正法的时候，那些人还认为妥洽让步，就是"示弱"。那位七十老翁碰巧相信 Satyagraha【印度语】节烈不屈的气义。告他的人安尼土司（Anytus）是代表法律治安，并且代表仁义道德，还按节上庙焚香祷告。安尼土司是个好人，是个规矩信教徒，场面很好看。还有一个好人，名叫彼列多（Pontius Pilate），对于一重公案【耶稣被告案】洗手脱个一干二净。谁说彼列多不是好人？他不过遵循外交规矩，不愿意干涉他国内政而已，虽然这是冤杀无辜的一桩案子。老实说罢，古今同类的事，多得想起来就作呕。

证今篇第五

——此篇专言印度问题原名"丘吉尔与伯理克理斯"反证古今证明今日帝国与自由的冲突仍未解决且因此大战宗旨中途改变暗伏第三次大战的杀机

读史固然要耗费金钱精力，修氏一部《希腊内战史》买来九角半，但不肯去精读这部书，也许结果现代世界的耗费损失还要大。因为今日帝国和自由冲突的问题还未解决，置之不理。因此我不能不谈起印度问题。

夫印度问题，不仅是印度的问题，乃人类自由的问题，所以已经演出一种矛盾的局面在这自由战争中，印度的自由战士因犯为自由而战的罪名而坐监牢。除了英人而外，对此都会发怔一下。

啊，自由二字，何等动人！撞起自由的钟！但是你要倾爱自由，须教自由之神先脱下印度女人的沙利服，而穿上欧洲的女装。

有英国的自由神，使你想起英国的郊野茅屋，炊烟芳草，落日湖
边，也有印度的自由神，骑着大象在万山深林中游行。人类的肉眼
看不出真相，不知这位我们所爱的神女，也不裹大英国旗，也不穿
印度袈裟，只围一条透明蝉翼羽纱，无形无色，只用慧心灵眼才看
得见。

　　所以此刻现在，英人正在为自由而战。印度人也正在为自由而
战，希望获得自由可以帮助英人在这场自由战争中去为自由而战。
这样一篇糊涂账，越弄越糊涂，假使在印度的英人也用过头脑的
话，必然中风不语。可是这也毋须过虑。在印度不会去谈到"四种
自由"，或是听人提起。提起有点难为情罢？先打胜仗，再用头脑！
只有英人强健的头脑，才会超脱一切逆情悖理的难关。而据我看
来，这难关不难渡过。你只须听印度总督报告囚杀的成绩一副得意
忘形的神色，就可断然无疑。"至 1942 年 8 月为止，杀死九百四十
名，击伤一千六百三十名，逮捕六万另二百二十九名，判决有罪
二万六千名，囚禁未付审一万八千名。"《新共和周刊》有一篇通讯
说："总督报告，正像芝加哥大屠场报告杀猪一样。"且须记住这每
只猪都是一位自由战士，不怯淫威，鞭打缧绁都不怕，抑猪猡终究
是猪猡耶？

　　近来我冤枉得了一个排英的罪名，至少有一些纽约妇女认为
排英，因为我曾真心替印度自由呼吁。这呼吁印度自由与排英有
什么关系，我始终看不出，而我的纽约女友也说不出来。我的态
度很明显；我不是排英，我是排斥冥顽，不管哪一国，我国也在
内。我不仅反对丘吉尔的守旧党的印度政策——我痛恶而深绝之。
丘吉尔是英国人，我也知道，但于我，他的国籍与问题无关；不
管这政策出于英法中日任何国之手，我都要痛恶而深绝之。我会
明白分辨英国守旧党人与开明党人之不同，也会辨别丘吉尔与肯

德堡大主教之不同。

　　美国报馆编辑，遇着两位英国人如丘首相与肯德堡大主教意见恰恰相反之时，认为应该双方加以赞同，将这大战宗旨做个人情，以免越礼。我决不肯把大战宗旨送我的至亲密友做人情，甚至或是送给上帝。要是某地的局部问题，我可退让。要是邻邦的内部政策，我也可退让。甚至问题是先运什么入中国——先运军火或是先运可口可乐给驻华的美国空军，我还可以退让。但是到人类自由关头，我决不肯让步，因为大义所在，不容苟且，而我深知我们今日在帝国与自由之间不得不择一而从，不容易敷衍过去。因为丘吉尔明目张胆护持帝国主义，我可以推知他小时希腊历史不曾用过功。这还小事，关系重大的是，因为一人垄断全战争及和平的宗旨政策，使这大战的性质、目标与宗旨中途改变，然而这大战的胜利却须赖中苏英美各国人的头颅共同换来。这关系綦重，就是英国的真友，也不当因送人情装哑巴，噤若寒蝉起来。

　　其实任何人都没有权利，把世界人类作战的宗旨做人情，送给他的至亲密友，或是上帝。历史上不论何时代，自由与反动的势力都在角斗，争占上风。各人应该运用他的聪明智力去分辨认识这两种势力，而站在自由与革命家一旁，毫无袒护地和反动的健将挑战。有些美国编辑想要讨好双方。但那位老将明站那边，视死如归，誓不肯经管清理大英帝国。诸位美国编辑，千万不可小觑这员老将。那老人家阅事不少，伎俩很高。凡是遇着口谈仁义头头是道的人，你要小心。当着这员老将声明他"要保守原有地盘"（"We mean to hold our own"），包括原属印度人无疑的国土，而且教中美俄人不妨替大英帝国作战，这时候我们是否应该口念"亚孟"？要是这回战争是英德两国的私斗，这话也没什么不该，谁打赢，谁保守他的地盘，那些属国只当他们的赌品。如果属国不高兴的话，那是另一件事，另开一回战，由属国与胜利国去解决。但这次大战又不是两国的私战，还牵连到多少旁人。英国首相声明他存意将大英辖境一直管治下去之时，中国人马上想到香港，印度人想到印度，荷兰人想到爪哇国，而美国人就想到自由之神。

1943年3月17日，丘首相在英下议院讨论大英帝国殖民地之将来，说道："本政府深信无疑，大英殖民地之将来统治，须继续为大英国一己的责任。"这是清楚确定无疑昭告我们，丘吉尔立定主张，要保守印度、缅甸、马来半岛、星洲、香港、锡兰岛的版图。这样一来，也须让其他帝国各保存其殖民地，才算合理。由此观之，将来自成白种人在亚洲的帝国卷土重来的局面。所以个人认丘吉尔为将来和会上的梅特涅，不是错见。【按拿破仑其后，维也纳和平会议，由梅特涅亲王领导，恢复各国贵族皇室，协同摧残所有革命势力，而造成以后五十年间欧洲反动势力的大集合。】

假如我们以为丘吉尔忘记亚洲，便是错了；他永不忘亚洲——是殖民区。也许我们所要清理的不是大英帝国，而是世界人类半自由半奴隶的整个帝国主义制度。问题是，我们这战争是否为争些主义原则，使战争不再实现，求一比较公道和好的世界。但这些问题都不便讨论——不管大英帝国的清理或是荷兰帝国、法兰西帝国、日本帝国的清理。大家不要谈吧。先打胜仗，仗打完了，梅特涅亲王总在那边，大家才开始争吵攘夺。然后再过三四十年，大家再来干一下。

要寻究历史，不能钻在已经检查过的日报纸堆中，去追寻那些天天讨论的很热闹的小枝节。要寻究历史，应研究主持国政者的心理，去探讨本源。印度人说克利浦斯爵士赴印开始谈判之时，曾经答应他们组织"内阁"，而克爵士的随员一样热烈的否认他曾经应允给他们组阁的真权实柄【按此指美记者 Ouis Fisner 与某英人在纽约国民周刊之争辩】。在这种情形之下，旁人若以为由此能明真相，便是发痴。只有由另一方法下手，先研究主持该事之人（这现代伯理克理斯）的心理，才能明白克爵士赴印使命之真相。谁读完了以下丘吉尔于 1930 年、1931 年所说对于印度基本态度的话，而尚不明白克爵士何以失败，便是低能儿。要明白这印度问题的经过，须先明白我们的伯理克理斯【雅典王，说见上章】。1930 年正月，丘吉尔说："早晚你们必须打倒甘地和印度国民大会党以及他们所代表的主张。"——这些主张恰巧是大西洋宪章用来适用于印度的原则。在西门爵士使团在印度接洽谈判之时及其后，反对与印度开谈判，认为有伤帝国及其政府人物之尊严，喊得最响的人便是丘吉尔。1931 年 3 月他说："我们讨论这些问题，只抬高一些永远不能与我们同意的匹夫的声价，一方损失印度大英政府之尊严和权威。"1931 年 2 月，他说："把这【治印度的】责任移交极勉强极有限少数的印度政客党人，便是倒行逆施，便是一种无耻的行为，便是懦怯、弃职而逃、丧尽廉耻的行为。这便是使大不列颠含垢蒙羞，在世界历史上永远污及大英帝国代天宣德泽及万民的令名。"原文照录如下：

To transfer that responsibility to this highly artificial and restricted oligarchy of Indian politicians would be a retrograde act. It would be a shameful act. It would be an act of cowardice desertion and dishonor. It would bring upon Great Britain a moral shame which would challenge forever the reputation of the British Empire as a valiant and benignant force in the history of mankind.

这段妙文颇有大英帝国诗人吉卜宁腔调（Kiplingesque）。丘吉

尔和吉卜宁同时在南非战争中充当记者。吉卜宁对于他邦"不识圣
教的下级异族"（"the lesser breeds without the law"）的意见，丘氏
也赞同。呜呼，使丘氏生于十六世纪尚不失为一位英雄好汉，使生
于十七、十八世纪，也足以守先待后；十九世纪，他便是一位贤臣
名相；于二十世纪，他只是唱吉卜宁调的违背时潮的史迹。他主张
坚决，立志不移，言词伶俐，在那几句话中，不但可以解释克爵
士赴印之失败，并可解释整个印度政策之现在与将来。古代希腊
伯理克理斯王在国势正盛之时说话，也不会比他庄严，皮匠克利
翁（Cleon）不会比他爱国。卖麻绳的优克雷底斯（Eucrates）不会
比他坚决，连卖油灯的海破婆鲁斯（Hyperbolus）也不会对雅典市
民发出更悦耳媚众的腔调【按诸人皆伯理克理斯死后主持雅典政
府的人物】。我书至此，不禁想起亚诸的诗句几行。【那首诗写英
国南岸海边的海啸，名为 *Dover Beach*。诗长短句，吊今追古，慨
叹大道沦亡，斯文扫地，以现代英国与古代希腊相比。莎复克利
（Sophocles）乃希腊诗人。】

　　　　　莎复克利昔居伊海之滨兮，其为时已甚远，
　　　　　曾闻长浪之呼啸兮，慨苦海之潮汐，
　　　　　余居渺远之北海兮，亦闻音而有感。

　　　　　大道若溟洋兮，曩泛滥于两极，
　　　　　俨彩憧之舒卷兮，若云旗之夺目，
　　　　　悲余生之不遇兮，闻长波之太息，
　　　　　声宛宛以凄涕兮，浪奄奄而退汐，
　　　　　奇晚风之悲鸣兮，渐汩没于尾闾。

嗟唯余与汝分，瞻苍茫之暮色。

叹长夜之漫漫分，心仓皇而失策，

若两军之丧明兮，羌浑沌而夜击。

所以我们不必去推敲印度问题之枝节。双方都有很充分的理由，把人类自由的中心问题撇开，可以辩得你惝怳迷离，莫知所适。一个人要做一件事，总会拿出理由来，一个大国定了一种政策，总会采取名正言顺的手段。有时你同人家争辩，就已承认对方的理由有争辩之价值。

假如此刻，有人对印度人说，美国种族宗教复杂，有天主教徒、耶稣教徒、犹太人，又有新政策主义者、反对新政策主义者，又有民主党、共和党、共产党、社会党，东北省人、东南省人、内革罗人，又有浸礼会、美以美会、安息日会、圣公会、摩门教（多妻教），而且犹太人、意大利人、希腊人、爱尔兰人在遮西城同住在一条街坊，而且美国有二百五十左右教门，印度人也只好摇头作罢，不再去理辩那错综迷离的纷局。但是在印度，印度人同回教徒也比邻而居，而且如美国的意大利人同爱尔兰人相安无事，也许更易相处。不但此也，对于一件事他们全国一致——就是要印度自由，除非是两件事——要印度自由和深恨英国。南斯拉夫国不是一样吗？也有天主教，犹太人，克罗忒族，色皮亚族，但是合之于我有利，我们就毫不迟疑把这些异族合并。老实说，假如印度没有回教，英人也须捏造个回教出来。宗教这东西是上帝恩赐大英帝国的宝物，大英帝国和一神论不能两立。多神论正有好处哩。

但印度问题枝节虽不谈，印度自由代表世界全人类自由的问题，我要谈，且非谈不可。因我不带独眼眼镜，又不和亚思斗夫人同意，所以我视印度的自由也正如视挪威、希腊、波兰的自由。不管我如何同情苏联而痛恶纳粹，德国或俄国要消灭希腊、波兰的自由，我都要同样反对。

这种态度有点难懂。有些美国人对于美国十三州脱离英国独立与印度脱离英国独立，作两种看法。配恩（Tom Paine）【美国独立战争中文字最动人的作者】的话便奉为民主要典，同样的话出于甘地、尼赫鲁口中，便是异端邪说。我不是美国人，不能这样分作两种看法。由我看来，华盛顿跟甘地、尼赫鲁一样的"排英"，一样的固执己见。可见得双眼眼镜委实不便。我也知道丘吉尔在纽约威名大振，甚洽民情，原可以圆滑些，附和群众，称颂在英国危倾时我所钦佩的英雄。但我偏要带双眼眼镜，或者只靠一双天然眼。

惭愧得很，我对印度人争取自由或法国人暗中组织争取自由，看不出什么分别，印度政府刊布白皮书，指明印度党人的言论引起地方骚扰及破坏产业。东印度两条铁路被炸坏了，这白皮书大书而特书。如果巴黎通利尔及巴黎通里昂两条铁路被破坏，美国报界不知将如何褒扬这些解放人类的自由战士！这是何等可歌可泣的一段佳话，证明精神不死，永不会为暴力淫威所制服。印度有两条铁路炸坏，我也引以为憾，因为这有妨碍共同作战的努力。但是你要教印度人如何是好呢？

自从英国未经印度人同意替印度对德宣战之中，中间经过两年半，印度党人力主镇静，而英国方面不肯稍让一步，改善局势。等到日本人打入缅甸，印度声嘶力竭的呼吁自由，才临时抱佛脚，派遣克爵士赴印。印度人要求实权防卫国境；英人却不肯交还实权。克爵士一行的实惠，只是由英人正式祝福"回回国"的主张（Pakistan）【此为第一次承认】，留为将来印度分裂之祸机。爵士回国，印人要求重开谈判，都不见效。须知印度之争，却是在美国分输赢；英人在美国宣传胜利了，所以认为十分满意。印度党人及民众日益激昂，怀恨英人日深，而民气日趋消沉。然而英人仍是兀然不动。你要叫印度人如何是好呢？

到了重开谈判的希望失败了，甘地事前通知印度总督，说要开始和平不合作运动。英人不肯受人威胁。甘地要求见总督，而总督摆出抚台的威风不许他见。就此逮捕党人入狱，这逮捕后来依英人法庭判定，认为违法。这没有武装的"叛变"平服了。局面有"把握"了。美国报纸表示意见，说英人剿变之后，必继以抚绥，重开谈判。然而英人却"强硬"到底？

过了恰恰半载，甘地声明他要绝食，不是抗议他私人的冤屈，而是抗议他民族的冤屈。他明知是向顽石乞怜，但他只好如此，派他有罪也好，无罪也好，他总不改初衷。甘地固然顽强，总督也是刚决。甘地已经快要死了，而此后英印合作之梦将击个粉碎了。印度政府即刊布一部七十六页的白皮书，声称党人有引起暴动的言行。据说，印度政府的职责是维持治安，而党人正图扰动秩序。"横竖我们武力强迫所得的人力物力，比不用强调方法相同，况且局面已有把握，而且我们是为自由而战。"

所谓佛法业缘一说之是非，就是看你认为此事之余波就此结束，或是认为余波会荡漾下去，与其他潮流并合。

如果英国政府的动机，是要对一手无寸铁的属国树立威信，这目的确已达到。如果其意在收拾人心，作为后日英印合作的张本，那机会便永远错过了。武力征服叛变，无论有无武装的叛变，也可以说言之成理，持之有故。但是英国武力制人，威信复立之后，还是不许党中与党外的领袖有机会聚头，商讨一个政治解决，虽然1942年10月间未入狱的领袖有这样明确的要求。这种冥顽不灵的政策便无可原谅。英人所说"印度人自己不肯团结"这句话我就不懂。各人分禁狱中，似不是交换意见的理想环境。就是印度和尚

【Yogi 有仙术】也做不来，而且甘地不是有仙术的印度和尚。"文思突破囹圄"还是文人一句说话，不适宜于拉查哥巴拉查利亚，或萨勃庐，或尼赫鲁【可以调解诸人】。

英国这种作风，由一种假定看来才可以明白，而这假定却是事实。这就是说同盟国武备充实之时，亚洲人什么观感好坏，都可不理。老实说，1942 年整个作战策略，都是基于一种心理习惯，说印度人、中国人、俄国人反感如何，尽可置诸度外。为什么呢？因为英美将来有大量充实的空军。

这一场印度问题的经过，只是指明我们未曾认清帝国与自由冲突的问题，只是指明我们精神上还未觉悟，相信"局势有把握"时，猜疑畏忌痛恨仇恶都不足重轻。这所谓有把握的讲法，就是说暴动可用武装军队弹压，而正与希特勒想法相同。我们可以断定，战后的印度局势将更有"把握"，而印度不配独立的理由还要依然存在。东西政治哲学若有不同，便是关于武力淫威暂时成功后的久远用处。亚洲人乖巧一点，认为为图长久计，顾到民情要紧，众怒不可犯，武力不足恃，且要人心和平，然后天下可以太平。

今日这回大战所争只有一端——就是帝国与自由之冲突。有两位世界领袖站在对方的两极——一边是蒋介石，认为"但知爱国，犹未可也"即须兼爱天下，【三十一年十月十七日《纽约论坛报》所登《中国战后的宗旨》一篇，引第一次大战时克维尔护士 Edith Cavell 语。】另一边是丘吉尔，认为但知爱国已足。凡深思的人都得在二者之中择一而从。现代欧洲强权政治的标准和亚洲传统伦理的标准正相背而驰。二千二百年前，孟子说得好："天下有道，小德役大德，小贤役大贤。天下无道，小役大，弱役强。斯二者，天也。顺天者存，逆天者亡。"

现在这帝国与自由冲突的问题，正引起同盟的分裂。战争一时未了结，我们须暂把这问题按下，至少不使妨碍我们共同作战的努力，虽然我们在亚洲作战的策略，也凭我们愿见战后怎样一个亚洲而定。但是每个关心时务的作家都有职责，须告诉国民事局的真相。并于必要时加以警告，无论如何，不得蒙蔽事实以欺大众。同盟分裂的根芽已在，既然无法抹杀，只好把他揭晓，期弭祸患于未萌。因为战争或者不足使我们分裂，和平却可使我们分崩离析。夫欲和平必须集体安全，必然而无疑，欲求集体安全，必得美国合作，又必然而无疑。然而美国或进而合作，或退而孤立，全凭一事而定，就是下次和平的性质。安琪儿爵士【在美的英国作者，见第一章】高调提倡集体安全，反对美国孤立。他却茫然不知这样高调阔论，遇见一个激起美国人民悔恨的和平条约，便全然失效。高谈阔论，劝美合作，虽是要紧，更要紧的是谋一个和平条约，值得美国的合作。美国人士也不必你来苦口婆心劝告。由心理上观察，此刻的美国人预备放弃孤立态度比欧洲某国人预备放弃强权及帝国主义还要爽快。两者都得同时放弃；不然，欧洲请美国帮忙合作之时，只是请美国合作帮忙欧洲的帝国主义。

我不得不忠言奉告，美国国际上的合作，只看是否有美国民众所能赞同的公平和议办法一事为转移。倘使帝国主义的条约复见，必激起美国愤而孤立，那时仰首嗟叹，也无补于事了。安琪儿爵士忘记美国的孤立态度历史上是怎样发生的。孤立态度之发生，由于凡尔赛条约激起反感厌憎，由于"了结一切战争的战争"一转变成争夺分赃的战争，理想幻灭，民心失望。再来一个凡尔赛，美国国民又要慨叹上了欧洲捣鬼政治家的当，又要悔恨惆怅，退而独善其身。在严重的牺牲之后，眼见理想消灭，而嗒然若丧，抽身而退，乃人之常情，而美国人民也不能免俗。因为世界保安队要美国加入的话，就是要美国共同捍护那和平条约所订定的国际秩序，而这国际秩序须教美国民众诚心相信是值得捍护的。假定说，这国际秩序只是恢复欧洲列强的亚洲殖民地，那世界保安队的职责便是要用武力来维护那殖民地制度，而所以担保这制度者，乃美国人民的生命与金钱。可是，美国和中国一样，自身一个殖民地也没有。你教美国人不要为几条大义公理而战，美国人便觉得杀身而不能成仁，师出无名，而死不以其道了。

我相信大西洋宪章，足为世界长治久安的稳固基础，恰如威尔逊的十四条件，如果不在和议时临时捐弃，也足以奠定和平的基础。然而就是大西洋宪章那些主张，此刻已被宪章发动人之一斥为"神话"【丘吉尔 3 月 18 日演说首段】，而关于怎样去实行这些主张，他已经认为此刻讨论含"危险性"。

美国的立场，光明正大。这战争的宗旨是为争世界各国各民族的自由。大西洋宪章存意是要"普遍"适用于各地各民族。美国的民众是赞同罗斯福的。美国的立场，是光明正大的。自由之旗未曾降下半竿。

但是那两位共同起草大西洋宪章的朋友，尚有公事未了，自从罗斯福说明该宪章的适用范围至此已有一年多，而丘吉尔尚不肯与罗斯福同声说这宪章是普遍适用于"各地各民族"。他不肯确定宪章的范围，或是声明一下，说美国的解释是不误的。他不肯适用这宪章于印度；他说这些主张条件"一点不限制（bid not quality in any way）关于印度、缅甸及大英帝国其他部分立宪发展的历次声明"。换言之，大西洋宪章的真谛妙道，人人都须实行，只有大英帝国的统治者可以特别宽免。况且应该注意，他自己相关的"历次声明"如下：1930 年 10 月，他说："我从不拟想在我们看得到的时期中，给印度与加拿大相同的宪法权利与政制。"1931 年正月，他说："除了在大战期间印度代表列席开会的纯粹场面仪式上的意义

（purely ceremonial sense）以外，谁也不曾设想，在我们能合理或有用去推料的期间，关于印度的原则与政策会实行起来。"【按现时华府"联合国家会议"诸国列席，正合"场面仪式上的意义"。】

　　但是那话是 1931 年说的。大西洋宪章是 1941 年夏签定。那时美国还未加入战争。不确定宪章适用范围，倒有好处。因为倘使那时丘氏像他现在这样清楚说法，也许美国不会加入帝国之战。但是 1942 年、1943 年这两年中同盟国仗打得好，胜利已望得到，英国愈强愈自信，而美国也已加入战争，欲罢不能了。当时他不肯清楚声明现在却声明得很干脆，毫不含糊。1943 年 3 月 17 日，工党议员马可文（J.Mc Govern）质问丘首相，他关于大英帝国的声明的意思是否说，"德国于战后须交还占领的土地，而英国不必"。丘氏答道："这样比拟实属侮辱。"【1943 年 3 月 18 日纽约论坛报登载联美社电】他又提防人家误会，以为他误解大西洋宪章将适用于英国属地与德国属地相同，所以不惮辞费藉勃烈根（Brendan Bracken）【英国宣传部长】转达他的真意，昭告全世界。如果有谁"要走自招大祸的错着，要毁灭或交出我们可观的遗产，我想帝国尚有硬骨架，可以抵抗这种的意思……我们非捍卫我们的权利不可"，他对勃烈根声明："我们既是联合国家的基本会员之一，绝不对我们的百姓说，我们可以让世界任何国欺负。联合国家的责任须大家联合到底。"

　　谁也明白，美国肯定一个解放菲律宾的年限，使菲律宾人相信美国的诚意。同样的，解放印度定一年限，也可以使印度人相信英国的诚意。那末，为什么期限未立，是谁反对呢？挥铁格的书《我们不能逃避历史》【We Cannot Escape History，1943 年出版】，告诉我们一段启人聪明的轶事。"阁员中有一些人决定要用冷不妨手段迫丘氏即刻进行。据那回席中人之一出来告诉人家，'爱慕利【守

旧党员现充伦敦政府的印度部长】正在说，打败希特勒之后，我们
应定个给印度联邦地位的期限。话刚说完，其他政府要人正要附
和，还未开口，忽闻丘吉尔吼的一声，正像狮子中击一般。霎时间
房中空气顿然肃清，宛如真有一只狮子步入室内。从此这题目就没
有人再提起了。'"

　　所以现在大家糊里糊涂，莫知适从，就为这个缘故。帝国与自
由冲突的难关我们不可躲避，也躲避不得，虽然丘首相专讲"先打
胜仗"，在战局未转以前尽量躲避。至少他的宗旨认得清楚，说得
坦白，而罗斯福不知如何是好，和他直争也不是，不和他争也不
是。罗斯福对这帝国与自由的问题一天不表示态度，避免和他的好
友拌嘴，世界人民就一天对大战宗旨糊里糊涂，莫名其妙。大家应
该认清这员"老将"，不管他带不带圆顶帽；易地而居之，要是生
在维也纳【梅特涅亲王，主持维也纳和会】，他便留个小髭。不要
汲汲记住他是英国人，或是，如《纽约时报》所称【1943 年 3 月
28 日"一周大事记"】，"这二十多年来，他是守旧党员之中坚"，或
是如卡令德（Harold Callender）在同期所说，他是"吉卜宁诗人浪
漫时代的帝国主义信徒"。今日的世界无所用乎吉卜宁时代的帝国
主义者，也无需乎梅特涅。

　　因这缘故，我们今日不知大西洋宪章何时适用何时不适用，莫
名其妙。依 1943 年 4 月 4 日《纽约时报》社论，这一讨论，便会
引起大英丘首相所认为"危险"的争端。但是依这篇社论：

　　　争端却已引起，而从这争论中，可以看出两种将来国际组
　　织的粗略规模。一种是基于大西洋宪章的严确解释，期望一种
　　世界，无论大小国，大家平等相处，并为集体安全及相互利
　　益，藉一种国际的机构在政治及经济上同心合作。另一种是比

较缩限于欧洲，期望一个由英俄二国共同保管的欧洲，而其他较小的国因疆界之远近，或倾于英，或倾于俄。【按即3月21日丘氏重要演讲所宣布】……

第一种主张也许似理想国乌托邦，但是他正是美国【在国内】的道理推广及于世界。美国现在对付局部的现有问题，还是本着这道理做去，还是承认波罗的海俄国边境的小国国土的完整。那第二种主张，不似乌托邦，而是着重"现实"，以武力抗衡原则及强权政治为基础。

这篇社论结论有精警语：

今日所见局面，可以看两个不可稍缺的要点。将来美国对于国际合作最后决定的态度，大抵要凭战后和议之性质而定。同时，这战后和议的性质之形成，也要看我们【美国】有无表示，仗打完后，肯积极参加世界的政局。

俗语说：有备无患。世界如果需要美国战时及战后国际上的合作，须肯出一个代价，而那代价就是人类自由及平等公道的原则，一点不许还价。据我私人观察，此刻美人完全愿意负战时及战后国际合作上极大的牺牲，如果有法使美国人相信这代价是值得的。因此，凡是一见凡尔赛式和约复现的朕兆，就令我心慌。如果某一国不肯收拾往事，忘记前鉴，只顾收拾本利，乘胜打劫，集体安全便不可收拾【双方关语】："There will be no collective security if some notion wants only to collect and fails to recollect." 因此，我谈到1943年3月号"英国"月刊（Britain，纽约英国宣传部发刊）所摘载格立格爵士（Sir Edward Grigg）在伦敦《星期日时报》的一段话，就竦然而惧：

> 英美两国政府都已对法声明，法国帝国可以完全恢复，并
> 已对西班牙、葡萄牙声明，绝不割削他们两个帝国的国境。且
> 我们应当假定，联合国中之两位有殖民地的国，荷兰与比利
> 时，如有同样的请求时，也必照样的允许。那么是否惟有大英
> 帝国应该解散？

格立格爵士是前非洲肯雅（Kenya）总督，并在英国政府历任要职。像凡尔赛和会所揭发的战争期中秘密条约已经开始密订了。这回大战的性质日益显露出来了。老狗教不出新把戏，教也无用。当代政治家的头脑永不会学新意义的战争与和平。威尔逊十四条件之废弃不用，以此也。大西洋宪章之主义原则，现已置疑，以后将复捐弃，也以此也。

同盟国分心作战，便不能共同胜利，无论男女，人人早晚须静心一想，各定主张，到底这回是为自由而战，或是为帝国而战。二者之间，无法通融，二者之外，别无良策。我们须在罗斯福与丘吉尔之间，择一而从，因为取此必舍彼。罗丘也者，两种道理而已。

果报篇第六

——此篇言第三次世界大战之伏机及引百年前诗人之忏语作证

　　今日大家正在讨论方法，用绑带扎起战后世界的经济烂疮，然而对于所谓二十世纪文化人心道术上的毒瘤，却动也不敢去动。毒瘤的附近皮肤最怕疼，所以我们的政治家时评家从不敢去触动他的肤壳。所以同盟国的政府始终一贯服从"先打胜仗"的政策。目前一时，那些先打胜仗的党员可以恣所欲为。一切战争的根苗：穷兵黩武、武力抗衡、贸易竞争、种族偏见，一件不缺，依然存在。希腊历史的殷鉴，我们全然置之不理。一切战争的祸苗，在读史的人显而易见，而在计划战后世界的人茫然未觉。那些精通工程的建筑师所建沙滩上的房屋非一日倾陷不可。

　　因为如上文已经说过，此刻要勒住苏联与中国的脖颈，已经太迟。英美中俄无疑的将为今后五十年间推移历史的四大强国。据英人口称，战后将解放印度自由，那末还有一个亚洲民族四万万人的友谊或是仇恶，须算在上头。现此英美独霸战时策略，明指英美也要独霸战后和平，依此看来，我们明白清楚已回到那欧洲几百年传下来的武力抗衡（balance of power）的路上。这英美独霸的方式，在此地可以暂称为 AA 式（Angol-American Pattern）。这 AA 式必遮拾"制衡""checks and balances"【西方政治科学以秦制楚远交近攻】的老套，让 AA 世界与非 AA 世界一时相处于武装的友谊及敌忾的亲睦的一种世界。必有各种各式的"世界合作"及"世界警卫队"出现，而善说辞令的人，必然大谈起和衷共济国际亲睦的新时代。然权力之为物，动而不静，故决无所谓"武力均势"这东西。时移境迁，有的伸张起来，有的衰弱下去，旧盟瓦解，新盟成立。那时势均力敌的均衡便又推翻了，而世界又须大屠杀一次，等到后代的和平匠又以老规矩准绳替我们造一种新"均势"。这"武力均势"的学说，几百年来迭次引起欧洲每三四十年一次的战祸。把这策略扩充到全世界去，就是要把世界变成一所几十年一次大屠杀的战场。强权政治及武力抗衡，总是激起一种紧张形势，像走绳一般。这紧张形势发生国际间互相猜疑畏忌，有些国家势力伸张，猜忌便愈甚。第一、第二次世界大战之前十年，大家看得见这形势愈紧，猜忌愈甚，等到有一国看看情势，只好先发制人。凡同样的畏忌猜疑，必发生同样的结果。这方式是永远不易的。

因此第三次世界大战又要来了。我们决不为未来战争之凶残而畏怯，不为牺牲之严重而止步，不为堂上堂下父母妻儿的哀泪而短志，因为后代的子弟，未曾亲历这次战祸，还要踊跃从戎去拯人类于水火，争取六七八种自由。但是第二次大战争的牺牲比起这次的流血来，就同一场恶梦而已。大自然向来不怕挥霍，生几千万杀几千万都不算一回事。倘是人类愿意兄弟相残大屠杀一下，上帝也愿意。再五十万年，上帝便再造成比较聪明比较良善讲理的一种动物出来。那些专谈强权政治的人也不能怪造物主。强权政治家既然以"自然主义"及"自然物竞"为护身符【说见血地第十七】，他们也应愿受物竞天择的果报。他们于政治战争以正视"现实"【放弃大义】沾沾自得，所以对于战争的结果，也应该注视"现实"，不应苛求。

而且再来什么灾祥妖异，我们也不怕了，加伯烈【首位天使】不会再下降尘凡来给人间传达神旨。水变成酒无聊的神迹骗不过科学的化验。倘然大鱼吐出了一个约拿【见《圣经》】来，也不足以欺我辈，经过记者盘问一下，必定把他送进疯人院。詹威廉【心理学家】之神不肯降坛，保障我们必有来生【詹氏死前有此约，未能践行】。天上不会再降流火，也不会夜间有火柱替我们照光，白天有云柱替我们领路。祷告禁食诵经烧香尽都无益，至少于我们，那已是一个没有上帝的世界了。一点办法都没有。

外交家当然莫不开口称道邦交友善，背地里却莫不乖巧，把这些辞令打个折扣。各种各式的领管制度、关税问题、警卫分区，及国际飞机场，都会经过一场讨论定出办法。也许会协定一个五十年的和平条约，那条约的价值，也正与尼西亚的五十年和约相等【*Peace of Nicias*，公元前 421 年希腊内战时所定，不过六年便被破坏】。出席和会的代表也必定都是严父贤夫爱国者。但他们所造的房屋要建在沙滩上。

这 AA 派既然确实存在，现在势力甚大，且握有实权，他们对非 AA 世界所取武装友谊政策的结果，不难推断。他们怎样离间非AA 诸国，须看他们的政治手腕多少灵敏，现在中国外交政策是确定与 AA 合作携手。这种武装的友谊能否实现，要全凭英美迫中国上联俄的路的做法能否成功。这一件又得看中国于下次大战争要计算一下，何种的同盟最可靠最忠实，而这一件又得看中国于此次大战及战后和会之经验所得而定。中国今日国际上的联合，虽然在民主思想立场上很相宜，而在种族及帝国主义的立场上却显然不合。中国自身既非实业发达而因此并非帝国主义的国家，到底他有否达到与帝国主义的国家平等同盟地位的可能，尚未证明或细加研究。但是我们所可确定者，中国必不肯长期屈服人下，受人不齿，也许会回心不敢高攀，还是左右找皮肤色素较重的人认他们做同盟妥当。不幸而言中，这便是世界史最可惜的事。特别是在印度的背景，还有人正在吹起仇英的灰烬，怕他不出火，这种恶孽真是所谓不能逃避历史。

且须记住，这场斗争未爆发以前，早已生出一种局面，由新兴势力之抗衡，而成为德国日本复兴最自然合理的局面。双方必各向德日讨好，鼓励他们重振旗鼓，正如我们于1940年间那么高兴成功的做法。换一句话，虽然经过这次重大的牺牲，又要归到原处，再从头打起。丢个头颅本来叫老母寡妻难受，惟头颅白丢，叫人枉死，岂非大可哀乎？

也许以上推算各发展之趋势及程序未必尽然。但是大家却应该中夜深思，对于权力在历史上之伸张发展，抗衡均势之如何形成，如何倾覆，细细一想。大家须盘诘查究一下，强权政治原则是否可靠，藉武力均势维持永久和平的基本原则可否信赖。对这问题大家讨论，互相驳诘，寻个究竟。惟有如此，谈论世界和平，才不至于隔靴搔痒。我们的思想习惯须根本改变，才寻得活路出来。

天下本有阴阳消长之象可证，兴亡离合之迹可寻，惟在一点灵犀鉴照出来。有时天赋诗人以这种先知先觉的聪明，不用星相，惟洞明历史兴亡之迹，便可预卜将来。在这些天才，这种消长倚伏之象，看得了如指掌，不啻神仙托梦，现身说法。海涅【Heinrich

Heine，德国大诗人，犹太族，生于公历 1797 至 1856】便是这样一位天才，见过这种神仙托梦，他深知熟识德国民族的精神，所以能够预卜所谓"德国革命"及今日纳粹精神之品质，断得一点不差，又洞照欧洲思想萌芽发育之势力，所以能够预卜"欧洲或世界革命"，并且预言今日正在开演的几幕戏，幻然有仙术。他说有个德国雷霆振作之一日，其来也渐，而其至也必：

> 其时那轰轰雷鸣，霹雳而至——当心啊，法国人，你们这些邻近的小孩儿……不要莞尔而笑我的话，以为痴人说梦，劝告你们仔细当心康德、斐希德及自然主义的信徒。不要莞尔而笑一个迂僻的预言家，算定在精神界已引起革命，在物质界也必有同样的革命。

海涅于 1834 年著《德国之宗教与哲学》一书，说到耶稣教十字架那件脆弱的法宝将要打碎，而德国民族古代深山里的神祇只将复显灵。他警告我们将要"听见世界历史上空前的霹雳一声雷"。

> 诸位切莫以为这德国的革命来势较弱，因为革命之前有过康德的 critique【"人类理性的批评"，理性哲学名著】，有过斐希德的超物唯心论，甚至有过研究物界的自然哲学……因为康德信徒毁弃一切传统思想，拳头来得更硬；斐希德信徒超物唯心，一切灵空，不畏危难，更要勇往无忌；而自然哲学的信徒尤为可怕，因为他与宇宙风云雷泽洪水猛兽联系起来，他由古代德国民族的汎神教可以降下夜叉魔将，到那时候，古代日耳曼族好勇斗狠的野性将复萌，不为攻城夺地而战，只为杀戮而杀戮。耶稣教稍微节制这杀戮的野性，其功固不可没，然只能

稍加节制，不足把他消灭。一旦十字架这件法宝打碎，那些古代战士之狂性复发，那便是古代北日耳曼民族诗人所常歌诵的病狂。那件法宝是脆薄易破的，总有一天要去个粉碎。那时断瓦颓垣中的石像，将要活现起来，揉他千年长眠的眼睛，拂拭千年积秽的尘土。雷神 Thor 将复跳跃飞奔，拿起千斤铁锤摧毁中古天主教堂……

……那时你们听见世界历史上空前的霹雳一声，便知德国的暴雷已经震作。这霹雳一声，将教神鹰坠地，而非洲漠野上的狮子曳尾躲入洞中。这回演出的戏要使法国革命比较起来像一出"小放牛"……

"当心啊！我是好意，所以尽情吐露这孽煞天机。解放了的德国比起联合克罗芯族、嘎索族的天主教大同盟还要可怕。……"【见《海涅散文选集》Heinrich Heine：*Works of Prose*，ed. by Hermann Kcsten，第 51 至 57 页。】

恰恰一百零一年前，在 1842 年，他预言"世界革命"，这是一幕剧，我们已经看见其首端，而海涅不敢预卜其收场。他是马克思的朋友，明察革命思想之性质，兼有诗人的眼力，能先卜这回战争中德、法、英、俄的命运，毫厘不爽。

这一来的战争，将成最残酷为祸最烈的战争，不幸将牵入【欧洲】最文明的两国，德国与法国，而使结果两败俱伤。英国是一条大海蛇精，潜时可以潜躲海里深处，而俄国也可以退伏于其茂柏深林寥原寒野上——这两国在平常的政治战争，不管如何打败仗，永远歼灭不了。但在这样的战争，德国处势之危远过他国，法国尤可于最可怜的状态中亡国。

　　这还不过是那场大剧的第一幕，就像开幕的道白而已。第二幕便是世界革命，这是有钱的贵族阶级和穷民的大决斗。在这决斗中，也不分宗教国族，只有一个祖国——就是地球——而只有一种主义——就是人类的幸福。世界各国的传统宗教会不会穷极而思出抵抗——而这会不会成为第三幕？旧有的专制传统会不会改装换调重复登场？这出戏如何下场呢？

　　我不知道，但是我想那条大蛇精头颅要被击碎，而那只北冰洋的狗熊【俄国】也得有人食其肉而寝其皮。也许结果只剩一群驯畜，由一位宰牧看管——一位行所欲为的宰牧；手持一根铁拐杖，看管一群羊毛剪得一样，啼声哀鸣一样的畜生！

　　此去大难将至，如有先知要写一本新的天书【指《圣经新约默示录》】，他得重新创造新的妖怪——比起来约翰所见的妖物就同驯鸽和小爱神一般。那时上下神祇只正在掩面而哭，哀怜他们掌管这么多年的凡间人类，也许也正为自己数运将终，悲啼自怜。这未来世界闻来有一种臭味，和着俄国熟皮、腥血，不畏天命及许多响皮条的响声（The future smells of Russian leather, blood, godlessness and many whippings）。我劝告后代人类的子孙，生下来背后的肉皮要顽厚坚韧些才好。【上引书第136 至 138 页】

　　呜呼，惟有诗人异士，高瞻远瞩，始可以知天。海涅既详知德国的种族精神，又熟寝欧洲人心道术之隆污，且身经革命与反动之两大时期，与梅特涅同时，是以咨嗟而兴叹。故其言曰"当心啊，我是好意，所以尽情吐露这孽煞天机"。他已经见"在精神界上的革命"，所以也能预卜"物质界上同样的革命"。

我辈生于海涅之后百年，此百年间人心道术之变，尤易搜寻，也可以聊试小技，研究此人心道术之去向。我辈也可用心明察当代文化之性质，解决道术隆污之难题，虽然同污者多而同隆者少。也许我辈也可预卜大难之将至，惟苟能毅然斩除科学定命论之桎梏，未敢预卜，始为大贤。【科学定命论，见"血地""亡道""当代"等篇，尤详"化物篇"。】

卷二　道　术

排物篇第七

——此篇原名"白种人之重负"言由物质主义观点求世界和平之乖错

今日天下骚动，人心苦矣。未有和平哲学，而欲谋一妥善和平计划，必不可得。欲于世界政治求一根本改革，非先于人生处世及政治哲学与其思想方法起个革命不可。此十年间人心道德，尤其是政治道德，降至低点，灭天理，穷人欲，为众所公认。把我们当代的人与十八世纪的法国百科全书家相比，我们只算是那开明时代的不肖子孙。我们具有战争哲学、战争心理、战争政治，及战争武器，一切齐备，怎样会逃得战争？今日最重要的问题是，这回流血牺牲以后，过了些时是否又得来重新混战厮杀一下？

归根结底，和平与战争的问题关键，全凭一代人心之信念为转移。和平问题，就是我们对于人伦人性的信念问题。我相信这纯是哲学的问题，是看时人所信仰崇奉者为何物。本书后段【卷三卷四】说明，这只是看我辈相信科学定命论或相信意志自由，确信暴力淫威的定命论，或确信精神道德。世界和平，首在起信，信念不存，走投无路。然而不幸，今日乃弃信悖道的天下。

我们所最需要的，就是阴阳消长，祸福倚伏，万物齐一，复归本原的哲理。不知此道，武力至上之说攻不破。理想与实际今日【在西洋】分道扬镳，须使复通于一，而产生一种无所不包的哲学，使天人相通，天理与人情得以复合。高谈阔论耸入云际的道术与脚踏实地的人事须得联系，相辅而行，商贾不复视道义为"不合时务"，而功利之徒不复以"实际主义"为饰词。【美国名作家李伯门（Walter Lippmann）尝称美国人"头脑是理想，心胸是唯物"。】凡人能深明消长倚伏万物同宗之真谛，他的行事也就会循理做去。

西人精神达到这步，将见西方哲学通脱圆浑起来，心上练达，行事老成，而西人的巧妙心机，亦正如佳醴，将见老而弥醇。在这虞诈攻伐竞争磨砺的现代，人心如钢铁一般的芒利锐薄，到时定见老成涵蓄，养晦韬光。今日"钢铁时代"，不仅船身是用钢板造的，就是人心道术也是察察缺缺。老子称至柔之道，言"柔者道之用"，而今日的人心却是坚强的。盖人心之幻变靡常，是以老子言勿撄人心：

> 老聃曰，汝慎无撄人心，人心排下而进上，上下囚杀。淖约柔乎刚强，廉刿雕琢，其热焦火，其寒疑冰。其疾俯仰之间，而再抚四海之外。其居也，渊而静。其动也，县而天。愤骄而不可系者，其唯人心乎。【见《庄子·在宥篇》】

今日看来，人心真若夺羁而奔的骄马了。

西方思想使我最惊奇的一点，就是完全缺乏一种和平的哲学【和气致祥】。所谓和平也者，非指日后乌托邦之理想和平，乃现此经常人生处世方法，适用于家国，并适用于世界。比如齐家治国平天下的道术，就全未发展。西方的社会思想，不是经济学，便是政治学。在我看来，酸涩乏味，犹不如食一颗大红苹果。

社会科学政治科学致治之术，不是财货之给养，便是生产与消费之停匀，或出口与入口之相抵，再不然便是【政治学】以此制度彼之防范设备，或法庭衣冠之礼节，或是经过法定手续申誓而经律师签证的一张废纸所发生的权利与义务。所谓社会也者，乃各种不同而互相冲突的利益的大集合，专赖法律去调剂，借以节防过度的自由；在较高明的说法，把范围放广些，并包括道德上之制裁，即习尚礼俗之制裁，是为儒教之所同意。但是普通西人的社会观念是法律式的与数学式的，正如节制粮食，计分发票。除了宗教仁恕之道以外，这种法家苛刻对人的观念以为一人只须谨守禁章，有点侮辱人类的尊严。依这看法，独身的银行家便成理想的国民，因为他又是独身，又是银行家，善逃女人及捐税的圈套。

但法家观念，犹非主要；西人之视人生之性质、宗旨及活动，九成五是经济观的。经过十九、二十两世纪，器用发明日多，而这种观念益根深蒂固，到了现在，人类进化就只看为生活程度之提高，而生活提高，也便是人类进化。我们口中所谈，笔下所书，梦中所见，唯此一端而已。

我在大学念书时代，就听见"白种人的重负"这名词，老想着，不知那白种人背在肩上漫游世界那布袋中所装为何物。近来才发现，所装的是罐头而已。可怜的吉卜宁【诗人创设此名词，以歌颂大英帝国代天宣德的使命】，要是他侨居印度的时候，没有罐头牛肉及罐头沙丁，他就活不了，不能晚年回国去当圣安得烈大学校长。固然，你不能否认，他能把牛肉沙丁吃进肚里，化为新诗妙词，玲珑可喜，歌颂武功及赋得尽善尽美的航运制度，使他侨居阿拉哈巴及拉合尔犹吃得到牛肉与沙丁。

每闻人言西人物质主义，这话却不能看做一句口头禅。近代思想整个骨子里就是物质主义。这物质主义袭断一切战后的计虑，致使和平哲学无地置足于其间，今日一切关于世界和平之提案，岂非根据一种假定，谓欲矫正经济进化之弊端，只须再求经济进化；我们之所谓和平善后，岂非明指贸易之自由、物质之交换，及生意之"亨盛"？换句话说，和平便是罐头，愈多愈妙。和平也者，我们得以大量倾销利源开畅之谓也。"天堂"便是一座钢骨水泥的栈房，罐头装得汗牛充栋。

盖今日之天下，已成一种生意，政治的生意和经济的生意。一个国家就是一家商店，政府公署便是这家商店的店柜门面，外交公使就是商店派出走江湖的兜客，到处和别家兜客竞争拉拢生意，而国中论坛权威思想巨擘便是这商店的核计专员。听这些人大言不惭侈谈和平办法，就教我心悸。【按西洋现行社论家行文必列数字，若高加索产油几加仑，古巴产糖在美国入口之百分额，阿比新尼亚棉质长短几何米理米突，否则不足为专家，而投稿杂志报章，亦难邀青睐。】

经济思想已取其他一切思想而代之，经济问题已蒙蔽一切其他问题，这有谁能否认？我们所顾虑者，只是如何用膏药贴上经济社会的烂疮；我们精神上的最高期望，就是生意兴隆，财货充实，这有谁能否认？这功利强权的欲望本身含着未来战争的根苗，又有谁能否认？谁能驳斥此十年来为人心道德破产，政治与伦理分道扬镳时期？这物质主义，不但不是一句空谈俗套，且成为我们行事抉别十九之动机。事实上，已蔽塞我们的聪明了。

香皂是好的，这不必说。美国文明最动人之处，就是香皂的物美价廉。在美国旅馆，香皂白送不花钱的。在美国盥洗，又方便，又雅致。美国人也许不自觉，但欧亚二洲的旅客却深得这个印象。随便买什么香皂都是上等货色。香皂已非奢侈品，上等异香馥郁的香皂五分钱就可买到。香皂已经平民化了。至少世上问题已经解决其一了。还有其他擦去衣服油垢，补漆桌案伤痕的问题也一并透彻地解决了；我们已有奇异灵敏的仙方了。

工业的进步与实业的考究，在今日已成雄厚的势力，日益进展，莫之能御。你把一切科学家逮捕入狱，惩罚都旁（Du Pont）及通用电力（General Electric）公司的董事，而物质的进展依然。你囚禁发光漆之发明家，褫夺室内凉气之考证家，而新的发明家将降生于阿桑拿省的沙漠，并得警察通同作弊，秘密送到纽约或底脱庐。科学已经登极，你不能把他从宝座拉下来，且也不必。

香皂确已充实丰富了。这是美国民主政制之一大建树。可怪的是，同时和平哲学完全缺乏，无迹可寻。把香皂卖给霍屯督野族，而使美国的香皂厂主得大发其财，并非取治之道。但是我们所能达到思想的最高峰至此而止。你提出一个计划，可以卖香皂给四万万的印度人，大家无不乐从，且感兴奋。要是提议交还印度人的自由，便有种种的为难、疑问、藉口、搪塞，而不见一点热诚。万一同盟国如果有交还印度自由之一天，必定是一副哭丧脸，若曰："真可惜，但是此外也别无办法。"在这样情形之下，做个圣贤，像莎文那罗拉（Savonarola）大声疾呼，痛斥现世之物质主义，并非难事。稍有普通知识的人都会。可怪的是，普通知识并不普通。何以故？我们都被经济学家吓坏，不敢作声罢了。

世上如有一事引起我的残酷野性，那便是养人如养猪一般见识的经济学。此生唯一的宏愿就是看见欧洲称雄独霸的经济学家枭首示众。我看见百分之几的数字，便怒不可遏。如果经济学家对于他的枝节数字，不那么沾沾自喜，踌躇满志，也不至于惹我这般怀恨。脸上是那副候补哲学博士之神容——迂腐乖僻，给条目数字，统计的平均及机械的公例灌醉了，此乃医家所谓身上发毒，自己毒昏。拐子至少也会说会笑，但是经济学家却是正襟危坐，道貌岸然。他最怕的是感情作用，他整个大学教育就是教他如此【说见亡道篇】。他只求能客观，求上帝保佑他排脱一切的情感。他确知无疑某物【不管何物】，在1942年是27.5%，而在1943年却是34.375%。【按荀子有好名词，斥此辈为"散儒"。荀子《劝学篇》曰："上不能好其人，下不能隆礼，安特将学杂识志顺诗书而已耳，则末世穷年不免为陋儒而已。"又曰："不隆礼，虽察辩，散儒也。"孔子对子夏警告曰："女为君子儒，无为小人儒。"亦指此辈。子夏博闻强记，善说三百篇昆虫草木之名，故夫子施以警告。故曰："博我以文，约我以礼。"盖礼乃立身行世之大端，既博之又必约之，学有归宿，斯不为散矣。附此一笑。】经济学家对于数字分数之自矜，正如皮鞋匠之矜伐皮货。传说哥探城（Gotham）【英国名城】被攻时，有鞋匠建议，将城墙以牛皮封固以御敌，而经济学家也拟用他的统计平均分数来捍卫世界的和平。他想，只要施弄手术，把这些数字分配好，天下便太平了。他告诉你，这是科学，是实事求是客观的科学。他有他专家的技术，一套的法宝，专门的名词，教人望而生畏。这就是他的念咒经文；他所崇奉的佛爷就是物质主义，而他自身便是这教门的方丈法师。

据说，世界和平乃专家的本事，世界求治亦如制人造橡皮一样而已。据说，和平的内容是关税之减低，国际航空线及飞机场之成立，还有船运及保险之资源，国外投资之保证，户口疏散之排比，及生活程度之提高。所谓和平也者，只是分发粮食的票号给世界。

由是观之，只消聘请一伙关税专家、航空专家、船运专家、保险专家、橡皮专家、仙人掌专家（共五十八种，各有专家），及苜蓿专家（包括平叶及曲叶专家，一类照请）。而把这些专家分司分科，组织一和平公署，天下便可太平了。

就是这一流的物质主义，令人发指。我并无意为讲经和尚，不过物质的崇拜有点过分罢。欲得正觉，第一着便须生起觉悟，知此迷信之非，而明这种和平观念之不足恃。

明乐篇第八

——此篇言中国哲学不龈龈于政治组织货殖给养冶政治与伦理于一炉以礼乐刑政并举为政治之源国家齐治必基于道德习尚藉此益见经济学见解之浅陋

但是什么叫做和平哲学【政治之术】呢？平治乃现此人生所必不可缺之条件，并非几百千年后的乌托邦理想。安者人之常，犹健康为人之常。和平者：非消极的理想——战祸平静之谓；我们必须有积极的和平哲学。国泰民安，于是乎天地化育，万物滋长，而芸芸众生得托生于其间，各善其事，安居乐业，优游以卒岁，岂非万民之所厚望，天地之常经？故得治平乃得人情之常，人心之厌战，亦犹耳之厌乱声。且家齐国治天下平，其理本一，惟在人伦中和之道而已。欲得人伦之中和，必有其道。哲学的任务，应排斥一切，专一研求这人间伦常之道。

自然我常想，中国思想有何可以贡献于世界和平问题。中国的社会，普通说起来，也有贫苦无告、口角纷争、贪污利己、贫富不均。只是高官厚禄之间，较少妥洽派而已。想起来，真令人毛发竦然。究竟和达尔兰接洽的人，看到赖伐尔【法国妥洽派】能直接和希特勒接洽，难免眼红。两者都是放弃道义，专言权变，但是究竟同小喽罗接洽的人，看见他人能与贼王寨主接洽，总要眼红。中国也讲经讲权，这是儒教所许的。但是无论如何，中国人还相信礼义廉耻的大端，认为行事上不可须臾离之。

中国与西方绝对不同者有三：一曰排律师，二曰排巡警，三曰排兵卒。中国治国四千年就用不着律师与巡警，而当兵向来为人所鄙贱。中国生活乃不重数学的生活，由于不重数学的思想习惯所造成。

于此可见，中国对于治术观法，显有不同。中国人认为法繁则无公理，警多则无自由【"扰民"】，兵众则无太平。欲求至治，惟有政简刑轻。无为而治的简单要术。社会既有良莠不齐，总得有个官厅，把几个流氓坏蛋押入牢狱，政府官厅之用处止此而已。若要伸冤，勿入公堂，在法庭外和平了结，若要和平，先不见兵，大家卖刀买牛，还里归田，和平政治之术，最后胥赖礼乐化民成功。

我说这是儒教的中心思想，并非戏言。这确实是儒家的中心思想，基本信条。盖儒家冶政治与伦理于一炉。儒家素以着重实际明理见称，然而偏有这以礼乐治国的迂僻结论。美国人向也着重实际，也许还可同意，对于以巡警治国，尤其是以特务队治国，视为可厌。他们也许并可同意，法律治国虽然可行，犹有遗憾，未臻美善。他们知道，普鲁士式的严行禁令（Verbotens），不足为民主国民所心服，而仅一套"毋得擅犯，如违重罚"的禁令公文，未必便足产生好道乐道之人【所谓"民免而无耻"】。他们明白在成熟健全的德谟克拉西，社会治安全靠社会各分子廉洁自好不屑为非为本。

我最喜欢美国人，莫如看见他们违犯禁章之时，看见在电影院，观众不同情于维护法律的船主，而同情于不买票偷上船的船客，看见在华盛顿到纽约的火车上，在每辆贴告"不许吸烟"的车中，都有人公然吸烟。我对自己说，这些真是民主国的主人翁。如果犯禁太多，情形不堪之时，还不是查票委员及大人先生要给他禁止，是要由某君投稿《纽约时报》，告诉烟灰烧伤婴孩手臂的危险，可望大家良心发现。如果公众民意不反对，查票员也就不反对。但是别梦想普鲁士人在"禁止吸烟"的车上会吸烟！这是万不可能，所以惠马的民主政府（Weimar Republic，德国战后民主政府）非垮台不可。你教一个希特勒去看管一些美国群众，禁他们"毋得"如此，"毋得"如彼，结果可以推知。不到三月，他的头颅就得敲碎。美国也曾通令全国戒酒，而德谟克拉西对这禁令的答复，便是秘密酒店。秘密酒店的历史，便可指明美国人肯否服从普鲁士式的禁章，甚至肯否服从自己通过的法律。我惟有对这种美国人民免冠致敬，因为他们爱好自由，如中国人。你不能以法令空文禁戒美人，或是华人。法章愈禁，阳奉阴违者愈多。恭祝我们两国主义相同！

话虽如此，着重实际的美国人士听见孔子以音乐化民治国的道理，便对孔夫子头脑清楚只求实际的令名要引起怀疑。惟莎严先生才会发这种迂论。【Saroyan，现代作家，有儿童的天真。】但我确认夫子并非咄咄书空，下文将详论之。孔子正会天真，苦中作乐。【在陈绝粮，弦歌不衰。】孔子不但真说过以乐化民的话，并且重复申述之而不厌。他对为政崇尚礼乐，阐说不厌其详，以致有一位门人当真奉行起来。有一天孔子走到武城，言偃为宰，他听到街头巷尾弦歌的声音：

> 夫子莞尔而笑曰："割鸡焉用牛刀？"子游对曰："昔者偃也，闻诸夫子曰：'君子学道则爱人；小人学道则易使也。'"子曰："二三子，偃之言是也。前言戏之耳。"

我选儒家说礼说乐这方面来讲，所以证明儒家之重精神文化，以显示西洋经济学政治之术之陋。单凭财货之安排布置以求治安那种思想之幼稚浅陋，就可不辩而知。我们急须改正观念，不可以为说礼乐中和的精神只是书呆，而畅谈罐头者始为实际。若所谓只求实际者，系指专言饮食衣冠宫室器皿的物质条件，那绝非所以言儒道者。

孔子言为国的条件如下：

> 子贡问政，子曰："足食，足兵，民信之矣。"子贡曰："必不得已而去，于斯三者何先？"
> 子曰："去兵。"子贡曰："必不得已而去，于斯二者何先？"子曰："去食。自古皆有死，民无信不立。"

和平之心理，既然于国家天下应用相同，我们此地可以研究这和平的要素。我们凡言政治，例必认为纯系政治机关的个别问题，与伦理问题截然为二。儒家以为政治之道有四，"礼乐刑政"，而政事只居其一。实则儒家早就鄙夷纯赖行政的解决方法为不足凭。明乎此，始足以言乐治国之异论。所谓政治，不仅是囚禁几个流氓入狱，释放几个良民出狱的机械问题，而是要移风易俗，使国家社会趋于礼义，所以讲信修睦，而固人肌肤之会筋骸之束也，音乐便代表人民安居乐业歌舞升平之自然气象。据那说法，言诗言乐，几乎成为人生之意义，文化之终点所在。

> 故治国不以礼，犹无耜而耕也。为礼不本于义，犹耕而弗种也。为义而不讲之以学，犹种而弗耨也。讲之以学而不合之以仁，犹耨而弗获也。合之以仁而不安之以乐，犹获而弗食也。安之以乐而不达于顺，犹食而弗肥也。
>
> 四体既正，肤革充盈，人之肥也。父子笃，兄弟睦，夫妇和，家之肥也。大臣法，小臣廉，官职和序，君臣相正，国之肥也。天子以德为车，以乐为御，诸侯以礼相与，大夫以法相序，士以信相考，百姓以睦相守，天下之肥也。是谓大顺。
>
> 【《礼记・礼运篇》】

由天下太平称为"大顺"这种看法，可见和平非仅战事平静之谓，乃多种教化之力养育出来健全人类社会之结果。由此看来，欲求世治，单藉行政的解决办法自然不足，治国不仅限于"治理"之治，于是乎必尚礼乐，礼乐刑政同为社会政治之方，目的相同。《乐记》曰："礼乐刑政，其极一也。所以同民心而出治道也。"《礼记・乐记》篇之说乐，乃用心理学说法。礼乐所以"教民好恶而反人道之正也"，然后"耳目聪明，血气和平，移风易俗，天下皆宁"。社会之不安，政治之纷乱，皆起于"血气"心术无所制防，未得其正。欲求世治，最后还是正人心，非外物所可强使之"治"。这种天下大乱追源于人的心术的道理，犹适用于今日。故曰：

> 人生而静，天之性也。感于物而动，性之欲也。物至知知，然后好恶形焉。好恶无节于内，知诱于外，不能反躬，天

理灭矣。夫物之感人无穷，而人之好恶无节，则是物至而人化物也。人化物也者，灭天理，穷人欲者也。于是有悖逆诈伪之心，有淫泆作乱之事。是故强者胁弱，众者暴寡，知者诈愚，勇者苦怯，疾病不养，老幼孤独不得其所，此大乱之道也。（《乐记》）

【按物至而"人化物"，正是人为物欲所克，而成物质主义。"人化物"即已失人道，故可译为"dehumanized"；又是为物所化，故并不可译为"materialistic"。所以"物质主义"之形容词见于古籍者，当以"人化物"一语为最早。】

是故先之王制礼乐，人为之节……礼节民心，乐和民心，政以行之，刑以防之。礼乐行政，四达而不悖，则王道备矣。【按王道即治道，即和平要术。】

至此而礼乐与治道之密切关系，可以明矣。政者正也，必先教民以正。故曰：

乐者为同，礼者为异。同则相亲，异则相敬。乐胜则流，礼胜则离。合情饰貌者，礼乐之事也。礼义立，则贵贱等矣。乐文同，则上下和矣。好恶者，则贤不肖别矣。刑禁暴，爵举贤，则政均矣。仁以爱之，义以和之，如此则民治行矣。

乐由中出，礼自外作。乐由中出故静，礼自外作故文。大乐必易，大礼必简。乐至则无怨，礼至则不争。揖让而治天下者，礼乐之谓也。暴民不作，诸侯宾服，兵革不试，五刑不用，百姓无患，天子不快，如此则乐达矣。合父子之亲，明长幼之序，以敬四海之内，天子如此，则礼行矣。

【按：《乐记》为世界名作，常与西方学者言之，啧啧称欢，谓"乐同礼异"，"乐内礼外"，哲学条理甚明。惜乎今日，若不翻为白话文字，不知其中味矣。】

这节文字以礼乐相对而言，称为治道之工具，含有深奥哲理，可以大开眼界，并可纠正普通误谬，以为孔教务求实际，只讲杯盘锅灶，或是眼光与经济学相等，文明进化以饮食便泄二事了之。故曰："大乐与天地同和，大礼与天地同节。"又曰："乐者，天地之和也。礼者，天地之序也。和故百物皆化。序故群物皆别。"又曰："乐著太始，而礼居成物。著不息者天也，著不动者地也。一动一静者，天地之间也。故圣人曰礼乐云。"【按此哲理，已入形而上学，而有玄学意味。】

最后，我们可以明治道之本及反情和志为强国之源，"是故君子反情以和其志，广乐以和其教。乐行而民乡方，可以观德矣"。【反情和志，乃反人情之正，使意志相和，故译为"to create harmony by a rediscovery of human nature"。】

我可断言，孔子听见西洋学者欲求拨乱反治于饮食便泄之间，就要不耐烦，与我相同。我们如果以为亚洲人对于白种的罐头食物会觉满意，便是大错。亚洲人所宝贵者，乃空罐头而已，因其光彩悦目，玎珰悦耳，使得心灵快活，至于果腹问题，尽管有香蕉。

卜算篇第九

——此篇原名"数学与和平"言和平非排比数字分发票号所可办到大旨排斥机械心理可与簿书篇并读

　　我们论事，眼光太窄，见识太板。上文已经提到中国之鄙夷数学式的思想。此为中国文化之弱点，也正是中国文化之长处。人生要节，都是超乎规矩方圆数学范围之外。因人之所以为人，而非机器号码，正在其心理叵测，心理叵测之处，也正是人事推移之所系。譬如灵魂便无法数分数点，上帝、自由、正义、诚信、自好、自尊等也都超乎数学之外，非在数学之内。在相反的方面，忿嗔、嫉妒、仇恨、畏忌、残酷、野心，也在数学之外，非在数学之内。所以使人生变卦者，就是这些出没靡定喜怒哀乐之情，而我们所最懵懂不明者，亦正是这些。其来去出没，无从预卜，但行事之间却又不能不为之提防。要计划世界和平，最要就是这些成分，但是请教那些经济数学专家，尽是徒然。

和平也者，非数学公式也，也非数学方程式所能解决。上章言儒家崇尚礼乐，可见中国思想精确不足，而玄通有余。盖天地之间，至大至微，莫不超逸数理。惟其科学到了测算天文及原子之行动时，才摇头丧志，觉得数学的公例告穷。【今日科学在至大至微之间，数学公例走入穷途，因此两端断头，科学家知之，常人独未之知。依数学言之，原子尽应击破，宇宙不存。爱因斯坦此刻正在搔首捻髭，欲合至大至微之道于一统系，而不可得，详见齐物篇。】所以今日讨论战后和平的图案内容，还不如讨论达到和平之入手方法，及我们对于求治程序的概念。我们对于求治程序的概念是数学式的，而亚洲对于建设和平思想上之贡献，就是否认这数学入手方法之足为凭恃。

数学是呆板的，人生是灵活的，是以数学决不足以解释人生。把黄钟大吕化为每秒几波的声浪，并不足以解释彭利利与苏门女士（Lily Pons、Elizabeth Schumann，歌剧明星）。所以解释彭利利与苏门女士者，乃其悠扬击节之混成"泛音"，这混成泛音却不即不离于可量与不可量之间。取精确者必舍玄妙，取玄妙者，亦必舍精确。惟和平既为人生之一部，是以数学亦将无法解释和平、理解和平，或创设和平。

换句话说，和平并非节制粮食计口发票的制度所可造成。是故疆界不明，邻邦安宁。关税不订，贸易增进。户口数字若模糊，和平解决即易图。列强若不管小国，弱小民族便安乐。大炮口径记不清，三次大战便不成。

所以我曾窃想，下次和平会议专派女人充当代表，和平便有希望，因为普通女人数字糊里糊涂，若必有男代表出席，只好先定规例，惟小学时数学曾经不及格者始有资格当选，以免破坏和平。事实上，连美国国务卿赫尔，也可懂得较精要的和平哲理问题，如果他左右没有那位数学狂的巴斯弗罗斯基【Pasvolsky，经济专家】。

且慎毋忘记，即在物质界上，科学说明事物之"然"（how），却永不曾说明"其所以然"（why），"何所为而然"（wherefore）。科学的范围是事物之过程，不是事物之本因，或是成绩结果之意义。事物之过程属于数学之内，其本因及意义位乎数学之外。科学说明原子如何行动，而不知其所以必如此行动。知道两粒钠碳分子结合，而不知道何以这两分子必须如此结合。科学描写酸类碱类，而于酸类之所以为酸为碱的究竟，一无所知。科学证明金鸡纳霜可医疟疾，而不知这药怎样杀死疟菌。科学描写地心吸力，而不敢冒充说知道地心吸力是何物，或者何以要有这地心吸力。所谓玄之又玄，众妙之门，科学仍是止步，进不得去。科学知道橡实萌芽长成橡树，而不知橡实成树之所以然。科学视察证明"适者生存"（survival of the fittest），而"适者"之所从来（arrival of the fittest），无法解释。他能解释长颈鹿之长颈在生存竞争之价值【可食非洲高树杪的嫩枝细叶】，而无法解释第一条长颈出现所必有化学上及生理学上的变动经过。他告诉你金钱豹的斑点有隐伏草丛中的作用，而你问他这金钱斑点怎样来的，科学便哑口无言。他解释花香的存在价值，但是你问他丁香柠檬怎样造出那奇香，他只低首赧然，无辞以对。他告诉你，蚕食桑叶生丝，蜂采花心酿蜜，牛吃青草生奶，除此以外，也没有发明什么新义。因为归根结底，还是蚕能生丝，蜂能酿蜜，牛能生奶这么一句话，而丁香树也能从一撮园土造出那无与伦比的奇香。且由这些草木昆虫做起来，都极简单易为，一挥而就，准不出岔。

在物质界如此，在精神界及人事上，更加如此。耶稣教徒之崇尚物质及其唯物史观唯物人生观,常令我非耶稣的人怒发冲冠。我已说过,世界和平,首在起信,信念不存,走投无路。凡人生稍可宝贵之事,都非科学所能证验,要信以为真,惟赖信念。先举一例,民主政治之中心思想,个人之尊严,绝对无法证明;科学决无法证明个人有什么尊严。主观一入,客观不存,而人生却十九系于主观态度。一个女人要做闺媛,便是闺媛,要做婊子,便是婊子。霎时间婊子可以化成闺媛,惟在一转念之间耳。这一转念之机理,也正同宇宙间花香鸟语之神秘,叫科学无法解释。同样的,科学对于人类之安乐自由平等,一点没有意见,因为这些美恶妍丑本非科学的范围,也无法收入科学的笼中。自由无法证验。世界合作之可能性,也无法证验。其可能与否,非科学所证验,惟有证之于心,验之于行。【信而行之,斯足为知。】就是酒徒呆子状元宰相的儿子,命里是好是坏,都没法子证验或预卜。个人总是逃出科学的圈套;惟有集合多数,像保险公司的统计,才可仿佛立出一条定命论【机械式】的公例。但是除非人类社会整个用定命论看法,人类社会的科学,连一个入手法门都办不到。除非我们让步,承认男女人类只听某种机械力量随意摆布,奈何不得,就不得不承认一切人类行动的科学(若历史科学、诗词科学)为万不可能。

以机械方法解决和平世治问题,危险就在此点。但是西人数学式的思想习惯已经固定不移。职是之故,大家莫知适从——战后和平计划成百,而一点出路都没有。没有一种计划,叫我们有把握,安心相信世界和平可做得到。西人思想之完全机械化,可由个人数种经验举例作证?

我在大学念书时代,最大刺激之一,就是听到"臭味有体质论"。我原以为臭味就是臭味,就不属于精神,至少也没有什么物质,根本就不去管他。这么一说,臭味是物体的细部,由某物播发出来，袭击鼻官的神经尾端，也就得假定有这些细物时时刻刻由某物射发出来，充满空间，理论可以看得见。这也许对，也许不对，我全不知道。也许樟脑丸真的分发这些物体出来。但是又是假定无论何物何人，都是这样射发细体，满播空中。狗能闻见人类所不能闻的味，有的香甜，有的恶臭。狗有言语，必有许多形容恰当分味的名词，不像我们只有‘香’“臭”“酸”“辣”几字而已。某味与某味相投，某味与某味不合；甚至可以闻到一种"臭味的交响曲"【语病】，与音一样。同时这些物体都得跳跃荡漾乎空中。但是，大体说来，这说还说得过去。

至于光，这物体说已岌岌可危了，因为最有名教授至此不能同意。光是否物体，或是只是某种激动、某种波浪？如是波浪，是什么波浪，激动什么？此巷不通，我们已经碰壁。光系物体说，理论上有许多困难。假定光是细体，而深夜空谷中两点灯光向各处射发这细体，我们就得假定，凡在任何可以并见这两点光之处，必有两件物体同时存在于同地【科学理论所不容】。到头来，光是物体之说，由后世看来，必算为现此机械时代人之黑暗迷信。现今因为通行机械观念，我们束手无策，因为无论世上什么东西，想来非有物体不可，所以光为何质，已成为我们的闷哑谜，只好称之为"量子"（quantum），量子也者，盖言某量（quantity）而已。什么的量呢？【参见齐物篇】

我还记得，上施维思教授（Edouard Sievers，德国语言学专家）的课，听说诗词的韵律，不是两音一拍，便是三音一拍。这个自然，因为一音不能自成律，而四音必复析而为一与三，或二与二的分段。但这就不科学。另外，有半科学的解释，说人类韵律拍节的感觉，有个物质的基础。二音节是基于走路时左右两脚的行动。那末三音节呢？三音节是基于呼吸——呼时一拍，吸时二拍。这种话并非科学，乃科学界的茶余酒后之谈资（"small talk"，即闲谈）。外人很少知道，文科教授常由科学转入科学的"闲话"——如说罗马帝国亡于蚊子【即亡于疟疾，是即所谓历史闲话】。科学闲话，正与社交的闲话一样，叫人听来又有趣又动听。

最近有一位朋友私下告诉我他的时间论。这时间论认为时间之长短久暂，本无绝对标准，是凭独断的。比如一个早晨，由一只夏虫看来，未必和寿命七八十岁的人看来长短一样。我说庄子正正说过这话【"朝菌不知晦朔，惠蛄不知春秋"，大年小年之喻】。但是他说，他曾和一位医生谈过，而那位医生说，他所言不谬，但是这时间之感觉大抵和脉搏之快慢有关！我几乎目瞪口呆。常人不大知道，这种闲话，这类无从证验的假定，如何布满文科的科学，如心理学；也不曾料到心理分析之学整个统系大半是揣度臆测的性质。【比如说，小儿时大便宽，将来为人乐善好施，小儿时常秘结，将来为人顽固吝啬。劳治贝根的神灵保庇！ Roger Bacon，首创归纳方法论之一人。】

我举以上数例，所以指明今人思想方法之机械化，无可补救。因此，在讨论和平问题上，也只顾谈机械的国界、分区、限额、吨数、方里、人口等等，逃不出其范围，而对于和平必不可少的其他较高尚无形的东西，只好置之不问。我们对于数字有一种迷信。克尔伯森【Ely Culbertson，即勃立治——打牌的发明者，有战后计划，详见簿书篇。】将打勃立治牌的数学方法，移到国际警卫队上面，以图解决，便是一例。只要发一张国际上的"将牌"，认为公共的，大家可以召取，而同时依照某种分牌方法，他相信没有一位牌手可以打赢其余的人。他对于席上打牌者的"赌品"却一字不提——有人手中牌坏而冒险性大，有人明明一副必胜的好牌，只因心神不定，与座旁美人谈天，就将良机白白错过。在他看法，这国际警卫队的牌戏，如同一架自动机，谁来小试，定要输钱。

上次大战之后，美国参议院得了一次经验，想出一个保险的机构，可使美国不再牵入漩涡中，就是定"现款交易自备船运"的原则，使美国物质上与战区隔开。从前德国潜水艇打沉载运美国船客货物的美国船舰，所以美国牵入漩涡，所以他们便想，要断绝物质上的联系，应该禁止美国船舰及美国货物驶入战区海上。再简单没有。他们忘记，还有一个人类心理问题，也许在某时，美国人将不愿实行这现款交易自备船运的原则，甚至有时，实行这条禁律将竟为舆论所不容。所以纸牌造成的房屋，还是纸牌一样稳固。不，亚拉伯号码或是罗马式字数不能给我们和平。号头数字于分发粮食票或彩票甚相宜，或是可做和平计划的工具，但决不足为和平的屏障。

所以我还是相信孔夫子，相信礼乐治国。孔子毫不思虑逸出数学的范围，而求社会政治之治于道德人心之治。他甚至超出行政法律的范围，以求反情和志。他并指出人心感于外物，生出好恶，若不加节防，便为世乱之源。

　　夫物之感人无穷，而人之好恶无节，则是物至而人化物。人化物也者，灭天理而穷人欲者也。于是有悖逆诈伪之心……

明礼篇第十

——此篇言礼让为礼教之一部与强权政治之争夺相反去争夺惟有礼让别无他道末复以近事证之

　　此地似应为"以礼治国"作辩。礼即礼貌与仪节。中文"礼"字包括此二义,复引伸发挥为以伦常秩序,为立治的基础之精义,而社交【乡饮酒、冠礼、射礼等】宗教【尝类郊禘等】及宗庙【如宾军大袷庙礼等】之仪节,成为这伦常秩序之仪表法文。

　　礼者,乃儒家之中心思想,其哲学的目的,在由于心理建设好治恶乱之心造成社会间移风易俗的伦常秩序。孔教在中文即称为"礼教"。姑弃其精义不讲,单讲通常所谓"礼貌"之礼,犹宛然易辨。华人自称为"礼让之邦",盖言中国文明之所以别于蛮夷(往时邻邦事实上确是蛮族)而得号称文明者,正以其崇尚礼让二字而已;南蛮北狄东夷西戎,惟解挥拳攘臂,不逊不悌,未识让长

者先行之礼法。【按礼字包括礼貌与礼俗，英文亦有同例，manners
一字是也。西人亦将"礼"与"俗"并为一谈，故言 manners and
morals。】这礼貌就是我们所认为文明礼教之象征。对古代蛮夷言，
惟有我们懂得一鞠躬，再鞠躬，三鞠躬的规矩。据儒家说法，由于
礼乐揖让之推行，可以移风易俗，化人心而改造社会。国家大典要
揖让作乐，乡间季节也要揖让作乐，结婚仪上也要揖让作乐。由这
揖让鼓乐，人心为所感化，就如路易第十五宫廷的士女，温文尔
雅，进退作揖，大家觉得文明样子。【按其时中国文化在欧洲影响
极大，故其男人梳辫子，穿缎裤，贵人坐轿子，陈列重磁器，惟
辫子嫌短，不甚美观。】孔子言射，君子犹争，惟"揖让而升，下
而饮，其争也君子"。由于庙礼社礼之训练，大家学得尊卑长幼之
序，谦和礼让之心。由于宗庙拜祖之礼，大家养成孝敬长上不敢忘
本的态度。有一次孔子陪鲁君去看齐王，献以周公礼乐，而齐王仅
进东夷的野舞野乐，弄得齐王极窘，相较之下，自觉形秽。孔子曰：
"看一国人的跳舞，就知道那国人的德性。"【"观其舞知其德"，出
《乐记》。】

　　孔子比旁人更明白群众心理学，礼节乃是一种仪表，而大众非
有看得见的仪表不可。季氏旅于泰山，不但是乱礼，并且表示其犯
上作乱之心。季氏不遵大夫规矩，用四阵的舞女，而袭天子之礼，
用八阵舞女于宴会上，孔子便叹道："这个忍得住，什么忍不住？"

　　名词本来也是表记之一种，所以孔子又立了"正名"的重要概
念。孔子一生只作《春秋》一部书，其用意即在正名，教人名词不
可滥用。推其用意，《春秋》把楚王书为楚子，楚君便在心理上，
道德上先输了一阵，而或可起其痛悔乱礼之念，羞惭无所容身。是
以孟子曰：《春秋》作，而乱臣贼子惧。"

　　儒家求治，专以心理学入手，甚足注意。谁要候考哲学博士，

做篇博士论文，以"孔子之心理学"为题，甚为容易。篇中可饰以现代名词，如"习惯心理"【"性相近，习相远""惟上知与下愚不移"，及小儿在家学孝敬为立身之本】，"仿效心理"【君子化民之道，"其身正，不令而行""为政以德，譬如北辰"等】，"儿时修炼的潜意识反应"【"父召无诺"长大了"君令召，不俟驾"】及"以象征制约群众"【礼仪隆节】等时行名词。我并非反对心理学，因人类行为必基于心理，只要心理学家勿冒充"科学"盗取自然科学的招牌【说见化物篇】，只要学孔子和詹威廉诙谐深刻，道得人情的窾窍便是。

礼貌与和平政治有密切的关系，常人也许意想不到。所谓"战争政治""强权政治"，我闻之已熟，但尝穷思极虑，与此相对的和平政治是何物，百思而不可得。假定我们撇开强权政治，及惟靠法律制裁党争私斗的观念，剩下来不是空空如也吗？儒家对于法家法治，深觉不满。盖法章之所许与礼教之所言，每差一级，人类美德最堪夸者每每超出法律义务以外。故曰："道之以政，齐之以刑，民免而无耻【仅免入狱而无廉耻之心】。道之以德，齐之以礼【礼教，礼俗】有耻且格。"又曰："听讼吾犹人也，必也使无讼乎？"【做法官折狱谁都会，乃鄙法律之意。】法律制裁也者，先假人心自私，争逐名利，而后裁之以法。然法律抵不住枪尾刀，到了国中或国际的强盗破坏法律，你怎么办呢？还不是又回到良心是非，凭那些非法律、非经济的力量以为抵抗。不，我们逃不了心理心术。国务卿赫尔称"循规蹈矩的交涉程序"，为国际间协调的文明手续。但是那"循规蹈矩的程序"的精神何在？除了外交客套以外，岂不是以礼以让的精神？文明人怎样相处？文明国应怎样相处？大家肯相推相让吗？所以礼让的精神正与攘夺的精神相反，让则不攘，攘则不让。故礼让实为文明生活之大本，也是较不野蛮的世界之唯一不二的法门。

我想卡沙勃郎卡会议之失败，不仅在斯大林不肯出席，虽然罗丘二氏远涉重洋到非洲去，而不会议于华府或蒙特利欧【加拿大城】。卡沙勃郎卡之失败，败于失礼。据说，1943 年中国应派何种工作，由他们讨论过，决定过，交给中国去奉行。卡沙勃郎卡昭告天下，这战争要由英美二国包办。英美出于无心，不知失礼，尤为可惜，因为和平会议上，他们的失礼，也要出于无心。这些看来不大像以礼让相敬真诚合作达到世界和平的原则。民主之战不能以独裁方法赢来。

在相反方面，也是同样道理。中国在外交上叩头揖让，正是他为同盟所误解的原因。礼让客气的缄默，反被人误认为弱国无能。美国运汽油烂铁与日本，中国未抗议，被人误解以为十分感激满意。

据司得丁纽思（Stettinius，主持租贷案）报告，1943 年正、二两月，租贷供应英国本部计美金 470 098 000 元，供给俄国计美金 293 370 000 元，而供给中国计 1 067 000 元。这 763 与 1 之比例就是说，假如这货物按日平分轮流分给这三国，中国须等二年一月又十三天才分到一天的物品。中国怎样招来这种奇辱呢？叩头叩头又叩头。善争夺的女书记开口就要增薪，温文尔雅的女书记不加薪也永远不开口。

这由有礼的家庭出来的子弟与挥拳攘臂争夺而始得的社会的不调整，就是中国战争六年以来外交政策道地失败的原因。中国新入强国之列，就像大学一年级新生，选入学生会馆【贵族子弟分居一室之 fraternity】伸出手来，见人招呼，逢人作揖。中国急须洗尽谦恭那一套，把谁挥拳一击，就得这奇异会馆同人的了解与敬重【按此语惟可向深懂西方社会者言之】。那些踌躇满志的同盟国政治要人到现在还在作梦，以为政府及人民对他们非常感激涕零，正像一条哈巴狗分到一块净骨头，就举头斜望，仰慕主人，或者并且愿意站在后腿扮个把戏叫人家取乐——此梦未完时候，应当有一两个中国人告诉他们逆耳的实话。实话是，中国外貌非常客气，心中却是非常不满某国政府之行动。中国老老实实对于同盟失望，且得一种印象，这些同盟完全自私自利，并不忠诚，而丘吉尔罗斯福两人都未见了解亚洲问题的性质。不但此也，他们对于同盟国的作战宗旨，正在将信将疑。

和平政治的理不过如下：文明人不打架，粗人非打架不可。社会上国际上打架，都是丢脸的事。文明人有时也动手，到了文明人动手，必是对方是个蛮貊，或是他所居的社会是蛮貊的社会，揖让之术总不见效。孟子曰，人之所以别于畜牲，有礼让之心而已。

欧化篇第十一

——此篇言欧洲为众祸之始世乱之源且探讨欧洲化之内容可知世界欧化则世界必如欧洲连年战乱永无已时

欧人的世界势将瓦解，因其传统破灭，道义荡然，而此世界遂无所以与立乎天地之间。我们目睹国家思想，种族偏见，尚武主义（即相信武力强权为社会之基础），商业主义及机器之发展，各种潮流汇合冲击，使这世界沦散崩溃，不可收拾。

因这些波澜之势力，及精神信仰之覆灭，人性观念之物化，经济人类观（"the economic man"）起，精神人类观（"the spiritual man"）灭，所以一切都在瓦解。什么也不行，什么都不足保障治安。国际联盟也失败。裁兵会议也失败。白利安及凯洛格的非战条约，曾经各国的总统皇帝郑重签字，也不见效。国际的条约，国际的盟誓，也都无效。驰骛财货，角逐商场，攘夺物资之狂病依然。

是故欧洲破坏五大洲之和平。由于欧洲及欧洲之思潮与其帝国主义物质主义之榜样，所以新加坡的女人须得丧命，缅甸的农村须得遭殃，而中国和高加索的农夫须得看见炸弹落在他们的田上。

但是欧洲自身本是一个屠场，现在正拟将亚非二洲也变为屠场。欧洲还在想世界的人欠他一笔债。而世界的生活程度须要抬高与欧人一样。我知道，欧洲还在想宰割这世界。你看看大英帝国、大法帝国、荷兰帝国，连葡萄牙也有个租界澳门在中国！谢天谢地，西班牙帝国早已崩溃，不然南美洲还有同样的复杂问题。

今日亚非二洲还得做牛给欧洲人生奶。为什么呢？因为欧洲要提高他们的生活程度，要驯养他们的自治能力。但他们何以丧失自由、自治之权，是谁剥夺？有谁敢说，印度受英国统治二百年，生活程度曾经提高，而不是降低？安琪儿爵士不敢否认，今日印度农民穷苦比七十年前更穷到底的事实，是由英人之剥削及摧残本地工业。我书此时，耳际老是闻见在印度的英国吏曹扬扬得意说，"情势绝有把握"。我看见一个帝国正在瓦解——却不大甘心瓦解。但是帝国自身不瓦解，就会弄得同盟瓦解、和会瓦解，而使大家战争宗旨，一笔勾销，归之徒然。

但是目前，所谓世界欧化，不仅是一个抽象理想而已。世界的民主领袖正将他们穆昧彰闻教人争夺的强权政治移到亚洲来。其必然结果，由一种计划周详的武力均势，可让亚洲今后三百年战乱频仍，互相屠杀，学到欧洲自己的好榜样。欧洲者，世界之烂疮也。其疮毒传播，流及五大洲。这烈祸何时才能终止呢？为什么欧洲必来管亚洲闲事？我们有何法可以对欧洲施行停船检疫？换言之，有何法可以防禁这欧人强权政治疫的流传？以下【歧路篇第十三】我可以说明，如果欧洲不来干涉，亚洲之将来的问题十分简单。参入英法荷兰的帝国，亚洲问题之复杂就同欧洲自身一样。

未发论之先，我得先把欧洲的驯羊除外，以与欧洲的虎狼分开。驯羊也者，挪威、瑞典、丹麦、瑞士是也。这几位都不管闲事，而自身社会保障法律最先进，文化教育水准最提高。荷兰人、比利时人、英国人在本国时都很好。其国中风俗淳厚，所以你要令一位英国人复成君子，只消把他运到苏彝士河以西。老实说，白种人也怪文雅的，只要把它肩上所负的"使命"拉下来。他甚至可以同你讨论佩德（Walter Pater）的散文。

但是你要欧化世界，欧化什么东西呢？维他命、卫生营养、保育儿童、看护产妇种种进步的知识，及妇女的衬裙内裤之改良。这些都不必着急。土耳其、阿拉伯、波斯、中国及非洲康戈的女人都会感激你们，称颂欧洲文化无疑。但是你要欧化什么东西呢？自然是欧化生活程度。也奇怪，并不说欧化道德。没人敢倡说，东方或西方的道德程度须得提高。不，经济时代的人所宣的圣道，不是"思想华丽，生活鄙朴"八个大字（十九世纪初叶，诗人华姿华斯语），而是"生活华丽，思想鄙朴"——比如这种鄙顽朴陋思想，说货物愈多，人类便愈乐，或是说实业时代的工人比手艺工人安乐。说提高生活程度的人的意思，清清楚楚是指洗衣较便利，洗碗扫地用电较轻快，也许还有一天四杯牛奶给霍屯督野人。是指较少用手足人力做事。是指有一辆汽车，一礼拜看一回电影。清清楚楚是指这些。

所谓提高世界生活也者，乃要叫【纽约】东城区的人都搬到公园路去住。但是比方东城区的人不愿意搬入公园路富宅，愿意依然故我便如何？所失者何，关系多大？比如霍屯督野人不喜欢你的牛奶而特喜吃香蕉便如何？比方东方对于用人力手足做事的看法与你不同，而东方女人以为到溪畸捣衣一面同邻家谈笑，比关在高楼大厦充满水汽热腾腾的地窖里洗衣舒服便如何？比方东方人以为在稻田赤足耕种，半膝污泥，或是儿子在前老父在后犁田倒很不错便如何？也许他相信用手做事用脚走路于心身都有益。也许一个推小车的人住在一间茅屋而因此"生活程度"较低，不一定便如游东方的旅客所设想，是过"猪猡"生活。也许他有他的礼俗文化懂得人情规矩。也许他相信摇划荡船，而不喜欢坐轮船，坐轮船便觉得学西洋腐化。也许他主张老婆应当自己做布鞋，而不应城中富妇才买得起的高跟鞋。也许他主张女人应该给小孩喂奶，就是给人瞧也不妨。也许他相信喂奶给人看见，不一定如海司【Will Hays，好莱坞的检查处】所定的条文，认为邪秽不正，淫荡无耻，因为他心中对于女人奶奶的天经地义的作用还未走入邪道。【按西洋女人晚装露奶戏台露奶皆高尚贞节，独喂奶认为无耻下流。留美半世，也难看得到一次西妇喂奶。盖喂奶者，所谓"房事"一类东西，是关起房门干的。况喂奶则伤胸部之美，西妇不愿生育大有理由在。】也许他悟到人身的妙理，知道人身极善调剂环境，美衣美食惯了也就觉得平常，而勤苦生活也许比闲荡生活快乐。也许"第七重天"【电影名】是巴黎亭子间，要拾黯淡的石级登上去。也许人生本有至理，街上卖报小孩的儿童时代生活，在身体上、心理上、精神上的快乐，胜过公园路富家子弟，由跟班詹姆士及司阍查理一人一旁扶着教他学跑冰。换一句话，也许物质的程度不值得提高——如果同时要引起阶级仇恨，集团主义趋势，失去个人自由，及几年一次须征调十八岁青年入役死战疆场。

说穿了，我相信欧洲人与亚洲人一样的迷信。现代知识界最风行，众人所公奉的迷信，便是科学定命论，说人根本是一只动物，由物质环境掌管播弄改造，一点无可奈何，除了这定命论的最高神明以外，还有现代人所崇拜的偶像。凡所信非真，谓之迷信，凡崇奉过分谓之偶像。欧人的三位偶像，就是白薯、户口与强权（"the

Potato fetish, population fetish and power fetish"），因为这些委实为现代人所崇拜。人类总是迷信的，你不让他拜偶像，就得拜别的。盖一人心中，不得不有了精神上的归宿。一人什么都不崇拜，其人就完了。就是无神论者，也得崇拜他小老婆的脚盘。

这三种偶像统制现代人求治的心理，而形成以下的信条。（一）人类生存专赖白薯，在玄学说来，人是一种觅食白薯的两足动物，而人类文明乃此两足动物因觅白薯而定去向的行动所形成的伟大历史势力【经济史观】。（二）白薯缺乏为战争之原因，白薯充足乃和平的保障。白薯愈充实，世界愈文明，便可大书"财丰物阜，国泰民安"。（三）和平之道，首在求白薯与户口之精确比例。（四）没有强权武力的人须种白薯，而有强权武力的人可以运输、饱食及以他种方法支配消耗别人所种的白薯。（五）依某条自然公例，有武力的人须令无武力的人种植充足的白薯，否则人类就要饿死。所以白薯的资源必定自由采购的原则，且必有经济计划，也得有谁统治这世界。（六）有武力和无武力的人不会引起战争。种白薯的，或农业的一帮人，生性不求进步，不好侵伐；有武力的，或实业发达的一帮人，生性好攘夺、尚竞争、善侵伐。由是观之，种白薯的一部人，很乖巧可爱，有时高兴可以拧他们的脸蛋儿，但可以置之不理。（七）但是战争可因有武力一帮人互相攘夺无武力的人所种的白薯分配不匀而起。（八）由此观之，和平问题也者，仅是如何使有武力一帮人得平分白薯的资源者也。（九）只因有武力一帮人自己互相妒忌猜疑，而商业本性是好攘夺、尚竞争、善侵伐，所以解决之道，显明在于维持一种极微妙极匀称的均势，叫两方都不敢先放枪，虽然也许某方要先放也属可能。（十）惟力之为物，动而非静，故这均势无法永远维持，是故均势须时时改造，阵线须常变更。（十一）时刻防察新权力之起来而作新联络之术，谓之"政治"；背信弃盟，尔诈我虞，延至开枪第一声之道，谓之"外交"；这均势的总推翻谓之"战争"。（十二）这样看来，似乎不大满意，但也想不出其他好法子。（十三）真正满意的办法，是叫某一国或某些联合的几国养成充足兵力，可以在某种世界民主大同盟之中统霸其余。其余有武力的或白薯的国，若不高兴，看他有什办法？我们的兵又多、枪又好。（十四）管他妈的，我们只会说老实话。我们是"实际主义家"，不肯以"神话"欺骄民象，而那些口谈正谊公理的人，只是不合时务的"理想家"。

这便是耶稣降生以后一千九百四十三年世界求治的国际思想之最高峰。这就是今日政治哲学之精华。这些信条尝用于欧洲而引起几百年的流血战乱。但是我们相信用之于全世界，便可教天下太平。这是世界欧化的精义。

愚民篇第十二

——此篇言民主基本信仰在于民并研究今日民主国官吏欺民之方术及真正民意与国策背道而驰之实情

书至此，便有人要发问：我是不是替今日的世界和近代文明绘一幅太阴沉黯淡的画？是否忽略某方面，过于张扬某方面，专画其穷形极相？答案当然是"是的"，但是我是在讨论政治，而政治【西文 politics 并指党派倾轧】总是任何事物的龌龊方面，任何民族的文化的臀后。可是一个文化有其臀后，也有其光明的正面，也许我不过在踢人家的臀后——愚莫甚焉。

须知欧洲是一条牛，我不过是苏格拉底所说的"牛虻"。政府是一条聪明睿智的牛，明达的人，只须做一只牛虻，刺叮大牛的屁股，功劳就不小了。因为老牛在青山绿荫上享受了一番，长得痴肥笨重，往往在危险的环境中茫然睡去。其筋肉日渐松弛，牛皮日渐顽厚。牛虻在四周嗡嗡低鸣，不予老牛安宁；老牛被它叮了数口，感觉疼痛，不禁烦恼起来，或许竖起尾巴，横扫一下，给那小东西知道些厉害。但是只要把智慧的老牛弄醒，目的达到，又何足惜？

不，我很知道任何民族都有他的希望、理想、渴念、善性。这乃是我执笔著书的缘故。如果你有一个如鲜花般美丽的理想，而亲眼看他被人家摧残，就不啻自己心中受创。千万男女都感觉到那痛苦，甚或怨恨那下毒手的人。

因为每一个战争都显示人民的本色。敦扣尔克显示了英国民众的本色，斯大林格勒显示了俄国民众的本色，巴潭一战，显示了美国民众的本色，重庆显示了中国民众的本色。一个民族老百姓往往有若干特点永远为人忘却，只有在战争的烽火中方为人重新觉察。这些老百姓与明争暗斗、心地不正的政客，和萎靡不振、卖弄花巧的文艺家，有霄壤之别。在一个乡村医生诊所中能看到人情之悲喜爱慕、克己牺牲、可歌可泣，以及生命之丰富深隽，岂是任何外交部内所能看到的？而人生就是这些悲喜爱慕、克己牺牲、可歌可泣之事所缀织而成。生命之源流得以继续不息，亦惟是为赖。

每在电影上看见俄国农妇协助军队捍卫国家，英国防空人员和女警看护执行职务，美国女人替军队赶制皮鞋，每见一般人民、志愿军、看护、工人、汽车夫、钢铁工人、机械匠，在机轮前、船坞中、俱乐部、工厂、渡轮内工作，便知道此乃人民意志的自然表现，出自人民的心坎，而使我尊敬感动。他们不仅口说为了建设较公正完美之新世界新社会而作战，并且在心中深信不疑。他们不仅需要新世界新社会，而且热望其早临，为之牺牲精力生命，亦在所不惜。

在美国如此，在英国如此，在中国、苏联也如此。民众要和平，正义的和平，并希望大家和好。人民之间，不无友善之意。任何人民，尤其是不学无知的乡民，都有若干经久的宝贵品德，能识别是非，明鉴责任。这次战争发现了中国的老百姓、苏联的乡民、英国的平民，以及美国的民众，真正的民众。他们不管你什么帝国主义，只喁喁望天下之安治、人间之太平。天下百姓都要太平。为什么不让他们享太平？

所以我们碰到今日的民主政治的闷哑谜了。如果人民的胸怀既然不错，祈望和平，而同时又生在民主国，他们的愿望为什么不能实现？有人在欺骗他们吗？欺骗者是谁？他用了什么方法、什么手腕，来欺骗今日民主社会中的人民？简括说来，近来有一种倾向，把政府由人民手中交给少数吏曹和"专家"手中，他们说他们知道"全盘事实"，老百姓不知道其中真况，所以不必过问。鉴于现代问题之复杂，这不足为怪，但是这也就是说我们对老百姓日渐失去信仰—— 一个不健全、不民主化的倾向。

所以我一定要替老百姓说话，今日世界上的平民，见了一般专家，至少有些畏惧，尤其是那些知道人民所不知道的"全盘事实"的吏曹专家。这是近世民主政治的一个怪现象；只须大叫一声，"我知道全盘事实"，便能吓倒老百姓，叫他们自封其口，不敢随便说话。这些事实，虽与客观的科学不相干，却借顶科学之名。官场吏曹自称通悉"全盘事实"，便把科学的威严加在自己头上，并在其头上发一道灵光。除非我们把历史中的"事实"仔细分析一下，分别清楚自然科学事实和社会事实的不同，近世民主政治下的人民，要永远听政治经济专家所欺愚播弄，那末世事便不堪过问了。老百姓是建议某件事该如何办理的人，专家是告诉你事情无法办理的人。由此推论，和平专家便是告诉你天下无和平可言的人。所以若把和平问题交给他们处理，世界便非永远厮杀下去不可。

很明显的，自然事实同社会事实或政治事实，性质迥异。氧与碳合成一氧化碳或二氧化碳，是无可置疑的自然事实。可是社会事实则不然。譬如说，法庭审判案子。姑谓一切有关的证据，已尽极人力收集在案，问题是犯人有罪无罪。前后经过已经审问，双方辩论完毕，法官宣读案情摘要，最后十二个陪审官围坐讨论，判决被告或则有罪，或则无罪。然此判决结果，不能与碳与氧混合结果相提并论。审判案件时，或许七个陪审官认为被告有罪，五个认为被告无罪，而一项化学物，则不能召集若干科学家于一室投票判定其为一氧化碳或二氧化碳。在严格的科学立场说来，被告之罪，不过是近情之猜度或假设而已，或则合理，或则无稽，不得而知。所以不同者，一个自然科学家对某物或某现象，可以暂时存疑不论，而在人事上，一事却非于某月某日讨一个取决不可。

再者，在人类关系中，某桩单独的事实可用科学方法证实肯定，但是一桩社会事实始终不过是一个推论，如审判官之判决"有罪"或"无罪"。当然，一人如在纽约时报馆附近行凶，而当场被捕，可说是一桩事实，甚至可说是科学事实。不幸得很，外交家与专家自称在握的"事实"，并非此类事实，而实在是对复杂错综之社会局势的臆测悬断。这种局势，都有许多不同的方面可以加各种色彩，作各种不同的解释。

可是我们的头脑已弄昏了，我们不敢自信。谁敢非议专家处理印度或北非问题的方法？甘地是一个妥协主义者，抑或是一个圣哲？北非的人民拥护达尔朗呢，还是拥护戴高乐？我们老百姓怎能知道呢？缄口不言，岂不是智慧的表示？不，人民的感觉总不会错，因为人民最凭是非原则，而天下简单明晰者，只有原则。此外，历史中之事实，决无人全盘领悟。试听麦弗氏（Robert Murphy）之话，再看北非通信记者之话，便能知道拥护达尔朗之"人民"，是有钱的皇族难民，抑或是真正的法国人民，无法断定。政治家能发表日记回忆，新闻家能记录访问会谈，但是你尽管放心，所谓社会事实——譬如说，北非民情之向背，利用良好领袖发挥此情绪之方法，及两种不同政策在法国国内所产生之心理反响——乃是凭断、偏见和杂零消息的混合物。一般外交家察看历史事实，正如凡人肉眼仰视月球。一个人罚咒说月亮中有一只兔子，一个人说有一只猴子，再有一个人说有一只青蛙。外交家所知道的"全盘"事实，就是这种"事实"。事实是，那几个坐井观天的家伙，争论着月球中有兔子、有猴子、有青蛙，对于真相的糊涂，同我们不分伯仲，而因为仰首凝视太久的缘故，视线或许较我们更模糊。他们要说服你，对你说："我告诉你，其中有一只兔子。"你固然怀疑不信，但也应该给他面子，在暗中对你自己说："他们的眼睛已看花了。"你应该保持自己的正悟，知道月亮中有亮光、有幽影。达尔朗、毕鲁东、维希官吏都是幽影，法国的人民乃是亮光。明白是非，鉴识正反，你便不会错了。你知道你是老百姓的一分子，而老百姓总不会错，尽可放心。

有时候我觉得我们无需四大自由，一个自由便够了——摆脱欺诳的自由。今日的大欺诳，就是说只要通悉事实，便可丢开主义原则。但请记住一件事，专家们知道图表事实，然而老百姓都能识别是非。这个信心不可动摇，因为一旦动摇，民主政治便会堕入专家手中，一经堕入专家手中，便寿终正寝。上帝的发言人是老百姓，独此一家，别无分出。

个人觉得上帝行事，总由老百姓代表。归根结底，老百姓有一种神圣的权利。我的灵感并不一定源于《书经》这句话："天视自我民视，天听自我民听。"而源于直觉的鉴察以及研究历史兴亡之迹的结果。老百姓怨望，便是上帝怨望。老百姓动怒，便是上帝动怒。老百姓要暴动，发明断头台【法国革命】，便是上帝认为暴动发明断头台的时机已到。老百姓犹豫未决，便是上帝犹豫未决。老百姓回家卖刀买牛，安居乐业，上帝便得意微笑。

所以如果人民排斥某项政策，其实是上帝在排斥。大众反抗希特勒的霸道，其实是上帝在反抗。只要记得，上帝借人民说话行事，魔鬼借专家说话行事，报告他们"全盘事实"，谁敢说美国官吏所知道关于北非的"事实"，不是魔鬼使用妖术，偷放在衣柜内吓人？我们都听惯训教礼貌的寓言。在商店内，顾客的话不可非议；在帝制国家，国王的话不可非议；在民主国家，外交部的话不可非议。原来老百姓相信光明行事，重视主义原则，而外交家在黑夜中偷偷摸摸，诡异莫测，有如猫头鹰一般，在黑暗中最能显弄本事。不论何地，人民与外交家的争斗，必是上帝与魔鬼，光明与黑暗之争斗。

冤杀西班牙政府军，把他们捉到集中营去的，并不是英法人民，而是他们的政府。组织不干涉委员会，纵任希墨两魔公开动手干涉【西班牙】的，并不是英美人民，而是他们的政府。真正的"事实"，乃是英国的克莱夫登派和法国赖伐尔辈畏恶共产主义之心，远深于畏恶希特勒之心。停止供给西班牙共和军汽油的，并不是美国的人民，而是他们的政府。放任日本自由侵略满洲，听任墨索里尼自由侵略阿比西尼亚的，并不是英国人民，而是国联的吏曹。迟迟不肯发表战后人民自由之意义，而说"打了胜仗再说"的，并不是老百姓，而是他们的政府。

我决难相信，天下顽夫庸人都生在过去时代，而当代所见，都是圣明。历史事迹屡证政府措置之荒谬愚笨，人民意见之正确可靠，而如果以往的政府能犯错致乱，今日的政府也能犯错致乱。所以就做一个牛虻罢，把政府刺醒！

但是论世故人情，我们只能刺叮瞑目作古的政治家如张伯伦辈，却不能用同样方式对付今日活着的大人物。岁月消逝，孽祸已成陈迹，人民之痛苦悲哀已变成回忆后，指责抨击，乃是态度镇静，感慨系之的历史家的特权。然而今日目睹政治家走上歧路，重蹈覆辙，而昭告世人当前危机，热血沸腾的爱国者必动怒而大兴问罪之师。

虽然如此，在民主国内，总还有一线之望，因为在民主国内，做领袖者，只须踏步走，随人民之意志转动。一个伟大的领袖，总是踏步走，向右一望，向左一瞧，四面机敏张顾。如果右边把他推得够重，他便偏到左面，左面的人把他推得够重，他便斜倚右面。只有这样，才能领导人民。如果他老是顺着我们的意思转动，我们便称他为"大人物"。我喜爱民主政治，就因为我喜欢推拉我们的领袖，我厌恶暴君，因为我不欢喜被人推拉。民主政治还有希望，因为此次如果我们老百姓用力推他一下，或能有一个伟大的民主领袖应时而出，亦未可知。将来或许有一本白皮书发表，像老年健忘的演员埋怨提示者多嘴一样，它会在好戏收场后对人民说："你们这些多管闲事的傻瓜！我在干些什么，我知道得清清楚楚。"人民会像后台的提示者那样对他说："不错。好莱兄，你总是顶出色的。"

这就是我著本书的原因——做一些提示工作，学牛虻刺人家一下，把我们的领袖向他们的命运和青史上的牌位推去。等到胜利到手，他们会站在戏台上向我们得意微笑，我们会在台下拍手喝彩，他们会挥帽致意。但是在喝他们彩的时候，我们实在是喝自己的彩；我们觉得他们顺着我们的意思进退，心中自然高兴。民主政治如果有什么意义的话，那便是真正为战争出力而取得胜利者，乃是我们人民——风头可以让才华盖世的大人物出。

除了将一国政治交出给一个不出面的、无名无姓、享受特别权利的政治团体一弊病外，尚有一个完全政治性质的巧术，即使在一个民主国内，亦可以用来做违背民意躲避民意的事。在最前进的民主国家——美国——我注意到民意和国策的接触，发觉少数一群，有的闻名全国，有的默默无名，竟能对人民随便敷衍哄骗，丢开外交政策不谈，甚或采用与民情完全背道而驰的外交政策，真是有趣。即使言论绝对自由，要大众找出政府在干什么事，仍费时日，结果便是政府每落在民意后头，或则六月，或则一年；如果手段高明、方法灵敏，这前后相差可延长至数年。

国策与民意相差每赶不上，不仅是自然的，且已成为今日民主共和国的一个特色，所以我们不妨举一个实例研究一下。有人觉得奇怪，美国人民援华之热情，竟能被人如此巧妙地搁起六年不理。只要看其中方法，我们便会彻悟。美国人民要知道罗斯福在干些什么，不在干些什么，总得费上一年功夫，罗斯福总统要知道人民不能容忍什么局势，也得花上一年功夫。此处须说明，不佞客居美国，遵守客礼，无权批评他国政府的内政国策，但我相信，凡战时同盟国的国民，都有责任与义务去批评同盟政府处理共同的战争的办法，尤其是影响及其本国的事的办法。我更觉得，这种的互相批评，不仅可行，而且断然有益，比虚伪的客套好。我欢迎同盟国人士批评我国政府有关盟国作战之措置，本此意义，我才敢批评盟国政府对于直接影响及我国抗战事项之措置。老实说，如有盟国人士指出我国政府某项措置有损对日作战力量，因而在胜利来临之前得以减少万千同胞生命的牺牲，我真要感激不尽了。我相信国际间真正的谅解的唯一基础，乃是坦白诚挚地交换意见。

接济日本铁片汽油，用以轰炸中国妇孺，经过四年后，人民醒悟，舆论哗然，不得不用些脑筋了。于是发明一个"执照"办法。大众以为禁止接济侵略国之方法已经实施，便不出声了。足足一年后，人民才恍然大悟，原来日本人请求执照，国务院有求必应，结果运往日本的汽油，非但未见减少，反而增加了三倍。人民不敢说话，因为国务院"知道全盘事实"，秘而不宣而已。后来事实揭穿，就停止接济日本了。

后来滇缅路又听他封闭。人民要继续供应中国作战物资，罗斯福总统乃说美国决计寻找替代滇缅路的工具。人民以为政府已在采用，空运接济方法至少已在计划中，乃不出声了，政府的宣传说空运一旦准备完毕，可以及得上滇缅路的运输量。1943 年 1 月，罗总统为了要安慰人民起见，声言今日空运接济之吨量，已与滇缅路不分上下。这句话有些像旁氏美容霜的广告语："她已订婚，她搽用旁氏美容霜。"没有一个人敢揭露空运输入中国的吨量；可是我知道，昆明许多国人、印度许多通讯记者也知道。人民直到一二个月后，方明白罗总统的话是什么一回事。现在大家都知道了。现在政府已承认局势太不像话，非想办法不可了。如果一架飞机能载一双拖鞋，十架飞机便能载十双，可是政府宣传恰巧反过来了。罗总统以及其他一般人完全推翻了一年前他们自己的话。现在我们听说喜马拉雅山太高，每架飞机都得携带来回路程的汽油，风雨时至，困难甚多，只有陆路方能担任此项任务。运输机当然会多添几架，薪以平息民意，并且可以说一声，我们空运的货物，"较已有详细报告之最后一月增加"。但是我们必须等滇缅路重开。

大众以为反攻之计划早已拟定，所以又沉默下去，何况魏非尔将军又单独出兵阿恰布，把民众要求动兵的呼声压住。现在政府与民意相差又尾追不及了，一年之后【本书著于 1943 年春】大众才能发觉，在滇缅路断绝足足一年后，盟方原来并无采取联合策略，反攻缅甸的计划。大家都知道非联合攻势不足以成大事，反攻缅甸，非借重英国海军出兵孟加拉湾不可。罗斯福总统说如果上帝开恩，我们可以马上接济中国。人民哪知道，而罗斯福并未解释，上帝姓丘名吉尔。总要等上一年，民众才会觉察。

不论怎样，美国人民对我国虽然热情涌溢、爱护备至，美政府的政策行动，给与人一种印象，对于珍珠港事变前后的中国六年抗战，不够热忱，有时甚至漠不关心。卡萨布兰卡会议，仍以同样之冷漠态度，判决中国再受四年苦刑。中国首先出战法西斯国，单独抵抗六年，对日须作战十年，在此后四年中将受到更不可忍之磨难，通货膨胀、养营不足、遭受敌人自东面封锁、友邦在西南封锁——这些事实，钻不进西方民主政府的头脑。但是，我在1940年已向国内同胞说过，我们必须把美国政府与美国人民分开评判，正如我们必须把德国政府与德国人民分开评判。

此处更须说明，那种对中国接济敷衍拖延的方法，如果应用于日本，必可同样成功，那么日本今日用以对美国作战的汽油，会减少几千万加仑，头等废铁会减少七百万吨。反之，供应中国之踊跃及速度，如只及美国国务院供应日本汽油废铁之踊跃及速度之一半，而供应中国之机构，其工作如自1939年来即与供应日本之机构同样爽快，中国今日的军力，或许早已能把日军逐至海内，不用牺牲美国男儿的性命了。

我要声明，我并不是一个天生欢喜怪张怨李的人。人家援助我们，我未尝不感激万分。中国抗战初年，苏联接济中国最为踊跃、迅速、慷慨；德国接济中国，亦称踊跃、迅速、慷慨。该做的，都做得头头是道，特别是德国的接济方式，完全是德国典型，什么零件琐碎，都准备得完妥无遗，所附零件军火油类，足够一年之用，图样说明、装配专家，应有尽有。反之，美国P40给与中国，却不配置无线电，只好由一家中国公司另办承装。而如果你知道中国当局如何寻找一个装配专家到印度去装合一架飞机之困难，你真要流泪了。1939 年 9 月之后，中国没有美国的许可，连一根头发针都不能向华盛顿借取，什么东西的优先权都归英国。

在作战期间，另外有一个人造的国策与民意的相差。照我们的领袖们来说，除了东方日出，什么都是"军事秘密"。深长的走廊旁有森严的房间，里面进行着鬼鬼祟祟、告不得人的事。大人们端庄沉默地居于其内，喃语谈话。外交政策是像一个娇弱多病的婴孩一般，只能用轻微的声音谈论它，若为大众稍闻风声，必定夭折。可怜的孩子，紧裹于不适之褓褓内，四周空气闷热窒息。他的父亲乃是一个手戴白套、足登革履、额流汗珠的外交家。哦，外交家父亲，把孩子交人民，他的母亲吧。拉起百页窗，让她看得清楚些。或许在黑黝黝的褓褓内，外交政策和军事秘密所孕育出来的东西，乃是一头吱吱不休的小老鼠或金花鼠！

威尔逊说得不错：天下不应该有秘密外交。然而威尔逊错了：天下不会有公开的外交。让我们察看一下"事实"，好知道外交家如何在黑暗中不借"愚民"之帮助孕育外交政策。

且看外交家一日的日程。他安居在大楼顶层，不受人民之打扰，坐在一度属于路易拿破仑侄子之大硬木高背椅上。室内一边是一张西班牙阿拉赣大家遗下的光长大桌。四周垂挂的不仅是厚帘，且还是重重厚帘。空气肃穆，只闻秘书室传来滴答之声。与外界完全隔绝，但是未必尽然，室内紧张威武之空气仍浓。一所特别建造的小木门内有一具无线电话，备他随时同海外通话。

是这样的：早晨九时半他大驾莅临。二十年前必具风姿的女秘书，一望便知信实可靠、封口如瓶；她蹑足入内，抑低的声音道："巴西 C 君同大人有约，已在等候。""请他到 C 室稍候。"外交家说。"主任秘书在那儿同教会会督商论梵蒂冈的来信。""那么请他到 B 室。"外交家说。"B 室也有人。陆军武官同索姆挪弗里的约翰上尉在密谈。""引他到 A 室。"那上了年纪的女秘书竖起眉毛，铅笔放在口唇前，说："大人真的要同他在 A 室谈话？那间房坐东背西，晨光直射而入，只有低级速记员在那里见客，很不方便。"当天的第一大问题产生了，但是时间尚早，他不要找麻烦，便发下一道命令："请他这里来！"

女秘书蹑足而出，巴西 C 君蹑足而入。你能听见钢针落地的声音，外交家听见他自己的硬衬衫随着呼吸与内衣磨擦而发出索索细声。他们的谈话以"天气很好，是不是？"开始，结尾是："啊，有趣，多有趣！"

第二第三次会客，结尾都是声音更低的："有趣！"这个世界真是有趣。瑞典京城来一个长途电话，把它弄得更有趣。现在是绝对惊人了，他摇长途电话到安哥拉。可不得了。他生平从没有在一天之内得到这么许多秘讯密息。他记起在那儿看到的一句中国古语："秀才不出户，能知天下事。"深深领会其中意义。他确信他已知道全盘事实——诚然，他知道得太多了。如何处理这些事实，乃是问题。

下午五时，他从荷京接到一个密电，秘书刚替他译出。正在喃语："多有趣！"他突被女秘书提醒，五点一刻须出席记者招待会，不禁蹙额。他该说些什么呢？这真使他焦急。他不可泄漏秘密。"你不能对他们说有喉咙痛吗？"他正在问教于女秘书了。"那不行。哦，你这个大人，你知道该说些什么？"桃乐赛爱慕地说道。"我知道的事实太多了，头脑有些糊涂了——不是，有些昏胀。'他仍不知所从。桃乐赛望着他光亮的头发说："你头脑的内部，似乎不及外部的整齐……大人，放些勇气出来，应付那些家伙。你也是老手了，说几句不着边际的漂亮话，总不碍事。有什么难答的话，可以推说战事秘密……"说到最后一字她的声音也高些了。

怀了这军事秘密当武器，他出去作战了。舌战群雄，他决不会败北。到了紧张关头，他便竭声急叫："我知道全盘事实。"对方便哑口无言。外交家知道全盘事实，报界却不知道，所以人民觉得在这场实力不均的角力中败北了。外交家不能把事实宣告世人，只能在四年后发表白皮书，那时候报纸记者可以随意抨击……这样日复一日的下去，心中总是在想："啊！多么有趣！"

多年来便有如此多么有趣的事实。1931年东北事件发生，外交家知道全盘事实。西班牙内战，他也知道全盘事实。阿比西尼亚被侵，他也知道全盘事实。希特勒进兵鲁尔区，他也知道全盘事实。慕尼黑会议，他也知道全盘事实。潘奈号被炸、海南岛被侵、日军进犯安南、计划袭击珍珠港，他也知道全盘事实。天啊，没有人怀疑你的事实。问题是，外交家知道了这些事实以后作何措置呢？

但是人民蒙在鼓里，事情却一一接踵而至，外交家缺少老百姓所有的大义原则，所以每遇一件新事实、一桩新事情，就愈无法处理。我们且只管事实，莫谈主义——打胜了仗再说。但是北非之战，产生了有趣的问题，应付却缺乏根本原则。苏军自斯大林格勒逐退德军，这是一个新问题。苏军收复库尔斯克及卡尔科夫，苏联强大的黑影，愈来愈大了。苏军收复罗斯托夫问题更紧迫了。苏军会在边陲停止作战吗？那还了得？苏军会直扑柏林吗？更不得了！波兰流亡政府同薛考雪基关系破裂。多么有趣的事！捷克当局意见纷纷。又是一件多么有趣的事！斯大林发表每日公告——这是一件事实，可是不太有趣，因为大家都已知道。巴本到土京，多么有趣。斯大林催促波兰游击队开始出动，伦敦的流亡政府却命令游击队不必出动，以守实力，又是一件有趣的事！小声些、小声些……于是事实留落在千变万化的前进时势的背后，外交家留落在事实的背后，民众又留落在外交家背后，比时总要迟个一年六月，而我们的领袖仍旧说："打了胜仗再说！且只管事实！"

事实总是复杂的，是非原则总是简单的，若无是非原则，我们必为事实所困住，直到盟国代表坐下和平会议的长桌时为止。事实实不可明，我们所能明知确定者，乃是原则主义。这道理足以解释没有原则而行事的人，因何必坠入五里雾中。地心吸力之原则，解释了天空星日之行动，相爱的原则，解释了宇宙万物之生长；而只有诚心正义的原则，才能解决人间的政治问题。这时代需要道德上的领袖，以原则主义为柱梁。这时代需要一个头脑如林肯那般清纯严正的人。可是我们都忙于砌砖起墙，建造二三层楼，情愿把屋基置之不顾，回头再说。但是看见昨日耗费多少精力堆起的墙，今日已倾斜欲倒，我们又诧异起来。

所以苏联的问题，把我们吓倒了。波兰的问题，把我们吓倒了。印度和香港的问题，把我们吓倒了。最后，应用大西洋宪章的方法，把我们吓倒了。我们的意思是先打胜仗，再谈和平。但是时间不肯等候，和平不肯等候。时间前进不等候人，民主国的领袖也不能例外。我们的外交家是一头毛薄的小羊，我们只能祈求上帝稍杀风势。

歧路篇第十三

——此篇言"亚洲之将来"之两种看法

一为正义和平的看法

一为强权政治的看法以揭露亚洲政策之真相

事与愿违，上帝不肯稍杀风势。可怜的羊，赶快长你的毛罢。

在亚洲，我只见饥馑、混乱、流血。我知道我们在亚洲的政策，在战争未结束之前，必更趋紊乱而终致产生悲剧。今日的同盟作战会议中，有一点大家都茫茫无睹，那便是亚洲。1943 年 3 月 6 日安诺德将军在马特逊公园演说中所显出的对亚洲事件之记忆衰弱，亦将成为盟国此后对亚洲政策的特征。正像我们现在拒绝考虑战后问题一样，我们也拒绝讨论亚洲的问题，到战争结束后再说。安诺德将军说："六星期前，在卡萨布兰卡……我向远东出发。动身前罗斯福总统对我简括地说：'中国的口岸，已封锁了，滇缅路又叫日军占住。我们怎样才能增加空军？怎样建造一个较大的作战力？'"我原以为罗斯福总统在卡萨布兰卡会议前·年，便知道中国的口岸已被敌人封锁。这种有心，实在等于无心。我原以为凡花过一分钟研究中国对日作战战略的人，都明白这一点。远东是地图上最明显的一角，怎会忘记？甚至对日作战，为什么到现在尚无计划把中国当做战友的一分子，甚至尚无草拟计划的本意？

安诺德将军在同一演词中，又说得十分明晰，空运难于增加，因若增强中印线空防，势必削减其他战区的实力。为了平定民气计，将多送几架飞机到中国，但是基本策略，不能变更。他们将对我们说，一切有待于滇缅路重开，但是抱歉得很，此刻不能调动英国海军载运军队到仰光去登陆。困难的事现在干，不可能的事且慢一会儿。接济中国乃是不可能的事，然而我们又敬仰中国。

但是飘风将起，罗斯福总统宣布拟用中国为对日反攻基地——唯一合理的基地；但是从宣布意思到实际擘划，中间又要相差数年。事情变幻莫测，复杂之局面，可能更趋复杂，但是我们却在说远东什么事都不成问题，打倒了希特勒再说。世人现在已经觉悟滇缅路陷敌，就等于隔绝中国，并已承认伦敦不早让中国军队入缅甸，实是大错。但是不到加尔各答或昆明失陷的这步田地，世人不会觉察继续这因循犹豫，敷衍塞责的政策的愚笨。须知罗斯福总统宣布拟用中国作侵日基地的时候，日本亦在谛听。其次，即使他人不谙远东地图，日本却知道得很周详。

同时，盟国在亚洲联合行动的机构何在？轰炸东京前，中国政府请求美方延迟轰炸一月，俾能巩固金华机场外围之阵地，但是杜立特将军不顾中国之请求而往炸日本，亚洲最大的空军基地，连带地下钢骨水泥的机库，遂此作原可避免的牺牲。魏菲尔将军不同重庆取得联络，便独自出兵阿恰布。联合行动的机构何在？中国在

1943 年之任务，为什么要在没有中国代表出席的卡萨布兰卡会议中决定？我们不得不寻根问由，探一个清楚。

中国人民现在看明白了，封锁中国的接济路线，原由是政治的而非军事的。中国人民如一度有什么怀疑，都叫丘吉尔在 1943 年 3 月 21 日的演词说得烟消云散了。局势已趋明朗，英国是国力日强、安若泰山的了。3 月 17 日，发表演说的前四天，英相强调声明："处理英国属地之政治问题"——包括印度、缅甸、马来亚、星岛、香港——"仍系英国一人之责任"。现在他说得更清楚，亚洲必须当做一个殖民地系统看待。击败希特勒，乃是"战争的光荣峰顶"，过后乃开始"新任务"——对日作战，收复亚洲，到那时候，只有到那时候——或许是 1945 年之后，中国已被封锁了多年——方才能开始"拯救中国"，把中国拉出由于伦敦政府故意按照计划任凭滇缅路二次封锁而产生的水深火热的局面。"拯救出来的中国"不能成为"胜利的领导国"，战争结束后，亚洲不可有"领导"或"胜利"的大国，这样白色帝国主义才能栖安乐窝。一个"亚洲会议"必将成立，有"我们的荷属盟友"参加，也可能有法国盟友。我们可以放胆相信，在此"亚洲会议"中，为了维持"法律、正义、人道"，拥有最多亚洲属地的统治者，必有最大的发言权。【上所引为丘首相 1943 年 3 月 17 日演词，即两次连称战后有"三大列强"之名篇也。】

由此看来，什么都清楚了。1939 年以后的封锁中国可以了解。封闭滇缅路、削弱中国实力，可以了解。不容中国建立自己的空军，也可以完全了解。站在帝国主义的战略立场看来，真是精彩绝伦，令人拍案称妙。论手腕、论气魄、论眼光、论天才，维多利亚女皇也没有更出色的首相、更忠心的老仆。

为什么这样畏惧中国、亚洲呢？亚洲把盎格鲁萨克逊国家吓坏了。论正义原则，她不会威吓人家，但是论强权政治原则，她确真把盎格鲁萨克逊国家吓坏了。据不佞看来，如果采取正义原则，那么战后和平会议席上的亚洲问题，实在简单得令人难信。反之，如果采用强权政治原则，其复杂的程度，就不亚于中欧问题了，甚至可使中国在同盟国作战会议中不能成为一个真正的伙伴。若处置不得其法，亚洲政治之复杂，非但可能类似一场梦魇，简直真的可以转为梦魇。

据说畏惧乃是人类最大原动力之一。闺妇怕老鼠，外交家怕小鸟，而我怕外交家。所以外交家为什么不能怕一个兴隆昌盛的亚洲呢？譬如说，耶鲁大学的尼哥拉·约翰·史班克孟教授十分怕中国统一强盛，及怕欧洲各国和好团结，我十分怕尼哥拉·约翰·史班克孟教授。

试一远眺亚洲将来，我们可看见的是什么？日本是捣乱乾坤的罪魁，但是战争结束后，日本的威胁便可消除。那么我们在亚洲有什么问题要顾虑？有中国——一个爱好和平的大国，饱受人道、民主、和平等主义的熏陶，与美国的民族性最近。还有印度，决心从事于自由运动，非他人所应干涉，其政党组织之严密、范围之广遍，不亚于中国国民党，领袖之热心爱国、贤明精干、高瞻远瞩、足为楷模，及民主性格，不亚于我国。中国与印度毗邻四千年，未尝开战过一次。

种族间的仇恨、猜疑、战争，在亚洲不见得有如在欧洲所见的国家间的旧恨深仇那种的背景。而大致说来，亚洲的人民，又没有欧洲一半那么好战。苏联不会打中国，中国也不会打苏联。在中美两国人民看来，亚洲之将来，甚为简单。美国不致有问题，因为美国肯让菲律宾独立。心中若无贪念，人家的珠宝便不会使你辗转不寐。诸基督教国家如肯让马来半岛，荷属东印度、泰国、安南、缅甸、印度各走其路，问题莫不可迎刃而解。她们都希望独立自治，不会扰乱他人秩序。如果你不让他们做主子而要她们做奴才，就会生出麻烦。你一旦觊觎人家的土地、锡矿、橡皮，必受良心驱使，而出兵防卫，以期避免内乱战斗流血，而你的大小麻烦，也便肇端。但是流谁的血？爪哇人、印度人、缅甸人，可会威胁英美？流血岂不是因为西洋人要争取他们的锡、橡皮？

在这等简单的立场上看来，当然可以即刻拿中国当做平等的战友，共同筹划大计、共同努力作战、共同做梦，梦想一个战后较好的世界。美国人要打日本人，中国人也要打日本人。美国没有香港来操她的心，中国也不为安南、暹逻、缅甸费心思。中国只要收复失地，并不要人家的领土，美国也不要人家的领土，连我的幼年故里鼓浪屿都不要。所以何不携手一致，尽快打败日军，不必计较怕把日军打得太快，或把东条先希特勒打败？有些人主张轰炸东京皇宫，有些人反对。这都是细枝小节，无足轻重，不会使我们临上床前先俯身向床底窥望一下。

这是一个简单的看法，依这看法，在亚洲树立人间正义和永久和平是可能的——其可能的程度，决不亚于西葡二帝国瓦解后南美的情形。原来和平在亚洲可能，在南美北美可能，在非洲也可能。

和平只有在欧洲才不可能。亚洲如抄袭欧洲抗衡势力的式样，那便无法和平了。世界五大洲中，只有欧洲尚未学会如何相安无事。欧洲乃是世界传染病的中心，帝国主义乃是传染疾病的毒菌。余毒所至，把整个世界都缠得通身是病，病！

现在且看一看依照若干盟国领袖看法所见的一篇糊涂账。你如果知道其中全盘真况，一定会食不能下咽，睡难合眼。一人如果必须在每次临睡前向床底下窥望一下，生活还有什么意味？但是有些人的头脑组织特别。外交家床底下暗伏的刺客，不止一个，可能有三四个。有大妖魔作祟，大妖魔又生小妖魔。如果我们相信外交家的话，他们将在我们左右搅缠不休，直到我们的头脑也进化到外交家的田地为止。

前面说过，事实总复杂难明，唯是非原则有定。现在且放弃是非，专谈"事实"。

第一个感觉，是极度的彷徨不安，因为有一件事，我们不能确定。苏联心怀何意？中国心怀何意？在外交家的立场上看来，我们应该预防不测。中国如果走上自立强盛之道，岂不给印度提供一个坏榜样？你敢断言中国没有帝国野心？日本武力消灭，中国建立了空军以后，你便不能担保了。所以到了和平时期，连雏形的空军都不能让她建立。或许不让日本完全溃败，也是一计。白色权力应该在亚洲采取什么措置，不让白种人被逐出亚洲大陆？其次，如果我们在无意中把日本先希特勒而击败，那时候欧洲问题仍未解决，可能有什么事发生？美国的势力可不要在亚洲称雄，正像目前在北非称雄一样？我们同希特勒算账的时候，荷属东印度和缅甸岂不能像脱笼鸟般自由行动，甚至明目张胆起来？日军撤退以后，新加坡与香港将怎样？……

殖民地的问题，煞是复杂。英国难道一定在此刻就得决定应否守住印度、缅甸、马来亚、香港？答案不论是否，皆极令人难堪。如果英国守住属地，怎能叫荷兰放弃她的属地？如果我们把属地问题迁延到战后再谈，对这次自由之战中的民气，岂不较为有益，因为仗打完了，便无需乎民气。

在事实上，中英二国的意见已渐趋不合。丘吉尔说得特别清楚肯定，他并不在"低首下心"，而"处理英国殖民地"，乃英国"单独之责任"。这就是叫美国莫管闲事。反之，蒋也说得同样的清楚肯定，中国并不要人家的领土，而要收回全部失地。这两个政策，必在香港问题上发生冲突。中国愿意为九龙租界——像上海天津租界同一性质的租借地——同英方开谈判。英国拒绝谈判。人家以为拖延下去，乃是处理难题最好的方法，直到它自己爆发时再说。我深信英国如不肯归还香港，和平会议必因之不欢而散。……中国人民就说得爽直，五百万士兵之死，并不是为了替英国保守香港——鸦片之战的战利品，英皇冕上第二颗最亮的珍珠。

但是【依外交家看法】事实的真相，较你所想象的更复杂。想想看苏联，那西方民主国家所最猜疑惧怕的对象。今日什么问题都含有世界性，我们凡事也得有世界眼光。苏联拒绝向日本宣战，她知道她干的是什么。日本是她的制胜牌，她不要打出去，而要留在手中。苏联如果同希特勒、日本联手，那怎么办？是不是苏联的意思让日本在一面作战，她可以在欧洲随心所欲？我们觉得苏联如同日本联手，别的盟友为什么不能依样画葫芦呢？到底我们最大的敌人是希特勒……其次，如果苏联要留日本打倒我们，我们为什么不留日本打倒苏联呢？日本的军力消灭后，苏联在远东的势力，岂不会因此膨胀？……中国会不会来一场恶作剧，同日本媾和？不，感谢苍天，这一点绝对不会，可以放心！中国是诚实可靠的。所以不必理她……我们高兴给她什么，她就消受什么……但愿苏联开一声口——她弄得人家太疑神疑鬼，心神不定！其次，苏联可能同中国印度联合起来，操纵地略政治家所说的欧亚"心地"以及全球一半的人口。那真是地略政治家的梦魇实现了！哦，苏联为什么不开一声口呢？

但是归根结底，更大的问题，还是中国。察看强权政治思想的基本趋势，或根据强权政治家的远见，不可解决的难题，已经产生。史班克孟教授警告我们："一个前进昌盛、军备充实，人口达四万万五千万的中国，不仅将威胁日本，并将威胁西方列强在亚洲

地中海【指南洋一带】的地位。”“所以不仅因为我们在战略原料
【橡皮与锡】方面的利益关系，且有鉴于势力不平衡对世界大局能
产生的影响，我们必须保持平衡势力。”因此，照史班克孟教授说
来，为在远东维持适合时宜的均衡势力计，“美国须对日本采取保
护政策”，像她现在对英国所采取的政策一样。可是现在我们都在
颠倒乾坤，协助我们的远东大敌中国向我们远东畏友日本作战。这
真是荒谬透顶、令人费解的鬼话。我们必须救济中国，不让她为人
击倒，但是也不可让她强得在战后可以自立门户，同人争分高低。
同时，我们必须击败日本，取得胜利，但是不可击得太凶，不给她
一个重整旗鼓、东山再起的机会。

　　要说得更天花乱坠一些也不难。史班克孟教授所建议的半弱半
强的中国和半弱半强的日本，并不能保证绝对安全，所以必须以精
明手腕操纵局面，实行挑拨离间，叫这两国永远互相残杀，以致两
败俱伤，好让西方安心。可是十年之后，日本同中国或许会忽然醒
悟，察破这位耶鲁大学教授的狡计，而大叫上当。两个仇敌共同觉
察他们都做了一个不怀好意的第三者的牺牲品，那不是促成她们重
归和好的最大因素？等到史班克孟教授的政治高论通行于战后天下
之时，大小诸国都要失望呻吟，忘尽真正世界合作的道理，而拿经
济政治利欲主义做国家基本政策了。

　　可是两个半强的国家，可能并成一个十足有力的国家。在事实
上，主张英美操纵太平洋区的作家，已领会此点。他们必须张开眼
睛，不可让中日和好，要达到此目的，只能采取军事监视中国的方
法。反之，中国亦可要求对英国采取军事监视方法，因为英德重归
和好的可能性，远较中日重归和好的可能性为大。不让英德携手，
乃是中国的责任，因为每次英德携手，德国的黩武政策便复活崛
兴，立下世界大战的杀机。中国有权要求欧洲安全，正像英国有权

要求远东安全一样……中国人好礼，可是并不是傻瓜。他们不玩强权政治的枪花，可是人家在玩的时候，他们也懂得。

这些乃是细察我们强权政治家的话而推得的必然形势。他们卖弄他们的"现实主义"，洋洋得意，而把我们这班对亚洲之将来简单看法的人民，称为不识时务的傻子、说梦呓的人。依强权政治思想推论亚洲的将来，就成上文所说这一派形势。

以上所说也许是外交家所指他们"知道"的事实，也许不是。有一点可以确定，上面所说这些"事实"，都是人所不知，并不得而知的。在黑暗中，什么蠕动的东西，都可能是老鼠尾巴。不论如何，这些"事实"，都是我们自己行动招致的结果，可有可无，与自然科学中的客观事实不同，所以不该有科学之威严。但是外交家思想所依据者在此，所防患恐惧者在此，所焦心烦恼者亦在此。中国不能参加任何同盟国作战会议，中国不可自建空军，日本不可击败得太早，珍珠港事变迄今已二年有余，而尚可不必拟定联合对日作战的战略——这类政策就是根据那些人所不知亦不可得知的事实。我们未能并肩协力作战、共商战后建设大计，就是因为那些畏惧。

二千年前在小亚细亚，乡野牧童听人说"人间友谊"与"地上和平"有关，但是二十世纪的人在科学上前进得太远，反而看不出其中真谛，而日趋于混乱。孔子岂不曾说过，"民无信不立"？世界亦然。

啼笑皆非
Between Tears and Laughter

卷三 征象

强权篇第十四

——此篇举美国论战后世界新书数种证明强权思想之未泯灭

此后我们将撇开亚洲前程的问题，专谈战后世界。或许我们撇不开亚洲，因为世界是一个，到处都避不掉亚洲。我们将先在表面上探究人家解决这些问题的技术，渐渐深入人类思想的烂疮，直到发现内部精神的溃烂为止，看见当代人心何以如此颓丧不振、蒙蔽聪明，然后如用爱克司光透视一般，察看破毁这时代精神相貌的癞菌。

说到底，和平的问题原是人类本性的问题。战争与和平的关键，全在下面这二个人道问题上：（一）借用霍金教授的话，人类已把人类如何改变？（二）人类可以如何改进人类？ ①

容我先解释一番，否则人家要说我凭空捏造，与流行此时的战

---

① 见威廉·霍金（William Hocking）著：*What Man can Make of Man*（Harper）。

后思想没有关系。

实证之多，见了令人心慌。克拉斯·斯屈脱和诺门·安琪尔辈，与其说他们拥护世界合作政策，倒不如说他们反对美国孤立。安全、合作、自由等漂亮名词，都被拖进来作英美霸权的幌子。莱诺·格尔贝（Lionel Gelbers）和史蒂芬·金霍尔（Stephen King-Hall）更明目张胆，或则公开称道此次战争乃"夺取权力之战争"，或则主张国际警察必须由"英美和平军"组成，其中第三国籍之警士，必须向司令宣誓效忠，换句话说，即须向英皇和美总统宣誓效忠。伊黎·古尔柏森（Ely Culbertson）大事发挥国际打勃立治牌戏的数学。史蒂芬·金霍尔步其后尘，拿数学应用到"英美和平军"上。大家都在惋惜承认英美必须为非英语民族留些余地，以符合"国际"秩序之名，但是其中施恩扶济、无可奈何的口吻，都昭然若揭，掩遮不住。

我佩服哈佛系关于战后的意见，佩服霍金教授、贝来教授和康诺校长的高见谠论。我仰慕华莱土副总统和威尔基的深谋远虑、高瞻远瞩。但是真所谓道高一尺，魔高一丈，一个人建议以真正世界大同、四海一家的精神建造战后世界，至少有两人出而提倡强权政治，发挥英美武力，统治全球之必然性。

此时正有一个关于和平的战事在进行。美国及其盟友正站在两条交叉路口：一条通至安全稳固的世界秩序，以各国平等合作为基础；另一条通至英美以武力统治世界的局面。这两种趋势是基本的，互不相容，但是在表面上统治世界的政策，必张着世界合作或世界联邦的旗帜，所以两者势必会合，为人类谋福利。

只有难得一次，有一个莱诺·格尔贝出来干脆地拥护"夺取权力的战争"："论事实，这次战争乃是夺取权力的战争——为民主强

国夺取权力为第一义，为民主主义夺取权力才是第二义。"① 格尔贝
先生拥护凡尔赛条约——"不要新凡尔赛吗？先要问是哪一方胜利
后定的新凡尔赛？"他赞成维持现状，认为威尔斯【前外交次长】
也不满现状，实是憾事。他甚至赞成世界人类全部之将来隶属于盎
格鲁撒克逊国家；"人类前程的问题，乃是它隶属于谁，受到何种
待遇的问题。在西方手中，即使偶有差错，权力之使用，自成一
格；在德国手中，则另成一格。"这个比较把他自己也说得太得意
忘形了，所以他又道："……只有一般浮薄的人，才仍在怀疑这次
战争是什么一回事。"最后格尔贝先生假装不懂那个"哑谜"，他认
为非常"怪诞"，这谜就是"今日友敌皆共同默认，称此次战争为
帝国主义之竞争，即藐视盟国之作战主义……全看你所说的是哪一
个的帝国主义"，他大叫，同时又温和地提醒他的读者，意大利帝
国主义"令人憎恶，但是加强美国的帝国主义……必为各地头脑清
楚的自由人所嘉许"。我以为"头脑清楚"这四个字，就足以推荐
他的观点；再添上"自由人"三字，便有画蛇添足之弊，因为根据
定义，"各地的自由人"一定是嘉许帝国主义的！

　　格尔贝先生，我想，年事尚轻，不然必是触动什么灵机；其
他阅历较深的人，说话谨慎多了。在世界政府的组织，除了英美
之外，他们给别国也留下了余地——但是总脱不了那委屈俯就的口
气。史蒂芬·金霍尔先生解释英美"和平军"，语调缓和多了：

　　　　英美政府不欲拒绝任何怀有友意的国家分享驱逐侵略者的
　　权利。他们全部希望，即自己负责建立一支军力，须在任何情

---

① 此句子以后所引各句，见莱诺·格尔贝著（《权力和平》第10页、60页、
　130页、140页）。

形下，不论有无他人之助，应付重任。[①]

谈及英美的领袖地位，史班克孟教授在措词上，如不在思想上，颇有学者风度：

> 在英美两国内，今日已有人谈起一种世界联邦，以英美当领袖为基础，建议多起，所提方式不同，如斯突来脱先生主英美联邦，他人则拥护组织较松之同盟协约。主张英美联邦者，认为英美联邦，乃建立世界联邦之初步，至于其他各国，如行为经证明确实可嘉，日后自可参加。然在此时，英美联邦须居领袖地位，是为事实。[②]

史班克孟教授并不是第一个开明的摩登人，想出这"借联邦之名，行独霸之实"的妙计；希腊王波里克里斯统治下的德里联邦两千年前就实行，结果促成希腊灭亡。

这些话都是不着边际的辩论，头脑清楚的人不欢喜。来一些奇妙的数字罢。数字能澄清我们的头脑，因为据说数字能使我们的思想数学化、正确，这也就是大学教育之用。闻名的金霍尔"新闻纪事"编辑不惮烦劳，替我们算出了一些明晰严正的数字。据他看来，美总统和英皇须发表《英美告世界人类书》，其第三款谓：

> 美大总统与英皇决定建立英美联合海空军。海军之实力，自各方面视之，须较不论何时何地最大之舰队超出三倍，须较

---

① 见史蒂芬·金霍尔：《全胜利》，219页。
② 见尼哥拉·约翰·史班克孟：《世界政治中之美国战略》，459—548页。

任何三国海军之总力超出两倍。

第四款谓：

> 空军之实力，自各方视之，须超出全球最大之空军四倍，超出任何两国空军之总力两倍。

第七款谓：

> 英美联合海空军之人员，其80%须由英美籍之人民充任。外籍志士，有权入伍……其总数不得超出各军总数之20%。志愿服役和平军者，须各向其所服役之和平军总司令宣誓效忠。①

又是波里克里斯的灵魂！

如果今日的斯巴达不答应呢？金霍尔先生早想好答案，其简单有如希特勒之数字。

> 如果英美政府明白昭告世人，不论别国作何打算，英语民族决定："倍加他人所想到的数字。"我怀疑他国有否勇气应战，发动终必失败的军火生产竞赛。

去说给美国国会听；去说给鬼听？

将世界分割成"英语民族"和"非英语民族"，现在再清楚没有了。上帝每借两种相反的力量工作，电子与质子便是一例。不将

---

① 见史蒂芬·金霍尔：《全胜利》，215页。

世界分成两个大军营，怎能把世界人类完全消灭？可是不巧，德国人、法国人、意大利人、西班牙人、瑞典人、捷克人、俄国人、中国人、印度人、土耳其人，都不说英语。这是什么话！多么下流的头脑！

我们逃不出历史，也学不会历史的教训。

不争篇第十五

——此篇申明老子不争哲理以破强权思想

衣冠齐楚、知书识理的大人，出此幼稚的谬论，实在令人惊奇。或许上帝限短动植物的生命，原要永远保持这世界万物的青春；产育不过是上帝实施新陈代谢的方法。我年纪虽已不小，赤子之心未忘——谁能替我解答这个疑题：一包干火药，一根接妥的导火线，同一盒正在燃烧的火柴放在一起，怎会不爆炸？其实是一个人头狮身（Sphinx）的妖精在问话，如有人回答，她便跳下大海。我情愿替他做保证人……

我们必须以新的不争哲学来一次彻底解决这不能不解决的问题：武力足恃吗？天下男女都应该想一想这个问题。武力如果用得彻底，那么被逼的人，必怀怨望，因此使用武力的人，必得变本加厉，欲罢不能，终必残酷虐暴而后止。纳粹德国便是一例。武力如用得不彻底，那么根据武力原理，岂不马上露出弱点，而产生绥抚、欺哄、屈服、妥协、贪安等政策，收买讨好中立国——换句话说，那不是说产生不刚不柔的政策？但是用这个政策扶养战败国家，也同样危险，凡尔赛后德国之东山再起，便是一例。你凶到底，是自杀，不凶到底，也是自杀。德日之败，败于第一种武力政策，国联和古希腊的灭亡，乃亡于第二种武力政策。

谁能给世人解释历史兴亡之迹，说明暴力必生强迫，压迫必生恐惧，恐惧必生仇恨，其必然性及反动作用，正如两牙球在球床上相撞，第二球必顺势滚到某向某距离，毫厘不爽？谁肯写一篇文章专论武力哲学及其心理，阐明其反响及特征？谁肯做一个道地的命运论者，用简洁有力的字句说给世人听，行动产生感情，感情又产生行动，武力之结果是畏惧仇恨，彻底的武力产生畏惧仇恨，不彻底的武力只产生仇恨而无畏惧？谁肯学物理教员那么说，武力愈大，仇恨亦愈深，最大的武力引起最大的憎恨？谁肯学气象学家说，正如雷鸣之后，必起风雨一般，武力之后，必起畏恨，畏恨之后，必起报仇？因仇恨必生分裂，而权力之结构，迟早必崩溃瓦解。

因为不明这些浅易明晰的道德因果律，波里克利斯对待其他希腊诸国，时用武力威吓，时用甘言哄骗。波氏之后，皮商克里翁（Cleon）、绳贩欧克莱衣斯（Eucrates）、灯匠海波波拉司（Hyperbolus），先后粉墨登场。他们都不失为好民主领袖，克利翁还是一个好将军。到了骄横一时，恣意妄动的阿罗司皮帝斯（Alcibiades）手中，就完成希腊之自杀。

但是这种道理乃是天理，在朴实的平民看来，昭然若揭，无待证明。所以若要内心强固，须戒用权力，这样则内可不弊，外可不挫。不弊不挫，方能永久坚强。老子说得好，"夫慈以战则胜，以守则固，天将救之，以慈卫之。"

所以他说：

> 夫佳兵者，不祥之器，物或恶之。故有道者不处。君子居
> 则贵左，用兵则贵右。兵者不祥之器，非君子之器，不得已而
> 用之，恬淡为上。胜而不美，而美之者，是乐杀人。夫乐杀人
> 者，则不可以得志于天下矣。……杀人之众，以哀悲泣之，战
> 胜以丧礼处之。

爱护英美，愿他们永远昌盛的人，须三读老子，因为在《道德
经》内，他们能学到内不弊外不挫力量的秘密。美国应当成就其伟
大，正如江河川流不息的伟大：

> 大道氾兮其可左右，万物持之而生而不辞，功成不名有。
> 衣养万物而不为主。常无欲，可名于小；万物归焉而不为主，
> 可名于大。以其终不自大，故能成其大。
>
> 江海所以能为百谷王者，以其善下之，故能为百谷王。
>
> 是以圣人欲上民，必以言下之，欲先民，必以身后之。是
> 以圣人处上，而民不重；处前，而民不害。是以天下乐推而不
> 厌。以其不争，故天下莫能与之争。

美国不成为世界第一军权国家，倒不足虑；可虑的是她变成世
界第一军权国家。我愿见美国成为世界的道德领袖，以谦和先，为
各国所爱戴推让。如同"万物恃之而生"的河流，她的丰富灿烂的
生命，将造福人群。她将居众人之上，但是人家不会觉得她的压力；
她走在众人之前，人家不会去陷害她。因为她将以仁义克己为天下

劝，而运用韬光养晦的玄秘力量，开辟世界大同的新纪元。因为她有力量行善，所以能不倾覆；因为她生而不有，为而不恃，长而不宰，所以不败。因为她不争，所以天下莫能与争；因为她不居功，所以其功不可夺。这是我梦想中的美国。可能实现吗？

有人曾做到这步。林肯做到过，华盛顿做到过。在乱世时代，曾有伟人挺身而出，以正心诚意昭告世人谓善能克恶，并亲自以身作则立功证明。历史中有正气盛行之时，有邪气逞凶之时。有时正气在空中荡漾，人民咸杀自私之心，并觉新天地已露曙光；那时信心充实了他们的憧憬，给他们添上温暖之气和新的力量，黄金色的天边便显现了。于是人类的善性乃光扬一时。有时也有混乱颓废沮丧的时期，奸刁骄横之邪气蔽天欲黑，信心消失，理想主义生不逢时，低头含羞退出。这就是某政朝某文化将倾覆的先兆。人的道德素养为肤浅之颓丧论说所侵袭，于是精神涣散、意志消沉。无力发奋自强，不敢作胜过先人的努力，于是黑暗降临。这两种时代之别，即在信念与绝望之分。

这时代的人的头脑，都是生钢模型中打出来的，所以非用精神熔炉软化它不可。我们必须熔其硬质，清其杂淀，而炼成成熟之思想理智。"山顶传道"之感化力，柔和了基督教社会之生活，无论在城市在农村，有柔化尚武人类的力量，成为西方社会的纲维。有时候一本《圣经》，仍能制服一个凶手。但是基督教的力量，不足以影响世界政治。基督教是像一团面粉，虽加上耶稣的酵素，调拌了二千年之久，仍有硬块在内，没有调匀，一个好管家婆必加些老子的调和粉进去，以期速成。

须知今日的人，神经紧张到达极点，血管硬结症已起。世界时局的迈进，引起强权之斗争，其力若蒸气爆发之可怕。熔炉怒吼，金色热白，灿烂的钢液潺潺滚流，机声轧轧，铁钳叮当，大铁

桶在半空中悬行往返，左右的人，一不留神，便有断臂折足或生命
之虞。钢铁，钢铁，钢铁——液流的，闪烁的，凝固的，变黑的钢
铁。在吼声隆隆的熔炉前，人们体温增高、火气盛旺，虽想用脑思
索，但是思想已染有钢铁色彩；不禁又怕自己，又怕自己所发展的
威力。念一念《老子》，会对他有益，可以清散他胸中的肝火，凉
退他慌张的神色。

> 人之生也柔弱，其死也坚强；万物草木之生也柔脆，其死
> 也枯槁。故坚强者死之徒，柔弱者生之徒。是以兵强则不胜，
> 木强则兵。强大处下，柔弱处上。

簿书篇第十六

——此篇论古尔柏森的世界联邦计划藉以证明数学之不能避开心理及数学机械方法之不足恃

现在我们来讨论数字怪物伊黎·古尔柏森（Ely Culbertson）的建议。或许欧几里得（Euclid）和拜柴果拉斯（Pythagoras）也能助我们一臂之力，以数字指示我们建立和平的方法。古尔柏森计划胜人之处，乃是他的精确的数字推论，和应付大问题的明晰头脑。问题乃是纯粹的数学，"分配和平的制度"，有多大用处。

为示公道起见，先得请读者别把古尔柏森先生同强权政治家混在一起看待。他曾研究大众心理，但是他不是心理学教授，也不是政治家；他是像你我一样的平平实实肯用脑子的人。其次，他禀赋不凡，思路清明。如果欧几里得和拜柴果拉斯能救我们，古尔柏森也能。不宁唯是，古尔柏森还富于常识。他看得出，国际警察之存在，有如一阵烟幕，只掩护住操纵局势的行为——这是国际警察组织最大的危险——必引起国际间的压迫和仇隙。而且他打定主意，尽力要消除这种危险。我们觉得他的用意实在可嘉。他评解今日的问题和补救方法，说得头头是道，条理不紊，我认为是看来最有意思的世界合作建议。其次，玩一场国际勃立治牌戏也很有趣，可以操练脑子。

我们不拟在此详细检讨"世界联邦计划"。这计划包括一个"世界军备董事会"、一个"世界主席""世界董事会""世界法官"，以及"世界议员"。此外，有"世界宪法"和"三个时期"："战争时期""停战时期"和"战后时期"，第一、二两时期归于"临时政府"之下。其他尚有"世界领土表"，把地球划成十一"地方联邦"，包括"独立两通国"（如瑞士、但泽），以及"自治地方联邦"（如印度及马来亚）。

但是古氏建议最特殊的一点，乃"军力分配原则"，这是数学。按照古氏建议，每个地方联邦可设"国防军"，此外尚须定立"集团分配军"，设"活动部队"，由地方联邦之全体会员指挥，仿佛扑克戏中一张"听用牌"（Joker）一样，更可说仿佛扑克戏中之"寡妇"，大家可以认取召用。

古尔柏森氏想解决的难题是，如何使"世界警团"，不妨害各国国家的主权。他的办法，是在战争时期各国国防军参加"世界警团"共同作战，而在和平时期，则各守自己门户，外国军队不能开入一步。其次，各国"国防军"合力则成"国际警团"，分散则力足以守土，而不足以攻入。

世界警团分配原则表

分配率	警队之国籍	驻扎地	所代表之地方联邦
20%	美国	美国：西半球之租界根据地；马来亚联邦	美国
15%	英国（以及英语自治领）	大英帝国：印度联邦之租界根据地	英国
15%	俄国	苏联	俄国
4%	法国	法国	拉丁欧洲
4%	德国	德国	北欧（日耳曼）
4%	波兰	波兰	中欧
4%	土耳其	土耳其	中东
4%	中国	中国	中国
4%	印度（暂时归于英国指挥之下）	印度	印度
2%	马来亚（暂时归于美国指挥之下）	马来亚联邦	马来亚
2%	日本	日本	日本
22%	流动部队（右面以外诸国之警队）	两通国家以及世界联邦之战略岛屿	各地方联邦（集团分配军）

军力分配原则之例表

国名	分配率	国防军	飞机	坦克	战舰和航空母舰
美国	20%	400 000	10 000	20 000	20
英国	15%	300 000	7 500	15 000	15
苏联	15%	300 000	7 500	15 000	15
德国	4%	80 000	2 000	4 000	4
法国	4%	80 000	2 000	4 000	4
波兰	4%	80 000	2 000	4 000	4
土耳其	4%	80 000	2 000	4 000	634
中国	4%	80 000	2 000	4 000	4
印度	4%	80 000	2 000	4 000	4

国名	分配率	国防军	飞机	坦克	战舰和航空母舰
马来亚	2%	40 000	1 000	2 000	2
日本	2%	40 000	1 000	2 000	2
流动部队（集体分配军）	22%	440 000	11 000	22 000	22
总共	100%	2 000 000	50 000	100 000	100

牌已经发出，我们且坐下玩这场国际桥戏。据古氏说来，这个数学化分配军力的利益如下：

这个分配方法，不仅能消除军事独裁及三两国间的战争，并能消除集团战争。根据军力分配原则，没有一个在政治上可能的集团，能向其他世界联邦国家发动侵略战而不归败北。

假使——虽然最不可能——世界联邦组织后数年，产生了一个最强大的集团，英美德决定推翻世界联邦而征服世界。若不定军力分配原则，这个集团必能逞凶得志。根据军力分配原则，这三国的分配总额，不过总数39%。反看对方，飞机坦克战舰达总分配额之61%，其中22%系流动部队，充任冲锋军，在英德两国（19%）尚未将工业生产机构转成军火生产机构时，优势早已为人占去，美国之20%额量，也独木难撑大厦了。

反过情形来说，假使为共产党操纵的欧亚，企图推翻世界联邦以及英美国家，若不立世界联邦，那末共产化的日本、中国、波兰、苏联、德国、法国，联合对抗英美，势必造成第三次世界大战。若立世界联邦，反叛国之分额比率，则仅达33%，对方实力，计流动部队、英美本国军队，及世界警团之其他部队，总共达67%。

　　换句话说，没有人能"吃通盘"。老实说，这手牌分配方法，叫没人敢开盘。如果数字能给我们和平，这个计划一定也能。如果系铃有术，如果苏联肯接受人家发给他的牌，如果玩牌的人都不打盹，如果大家技术一样高明，或玩法一样鲁莽，或一样小心，或一样老实，或作弊通风的手段一样高明；最后，如果玩牌的人彼此间都友爱信任，大家都不开口，那么牌也玩不成了【即无大战】。如果没有旁的条件，没有各国民族心不同，没有国际野心不同，没有文化传统不同；如果能够大家始终警惕；如果"世界政府"能当机立断，遇事即刻调动"流动部队"；如果不再组织一个李顿爵士考察团去花一年功夫交一个报告备案参考；如果"侵略"与"防守"的意义容易规限；如果没有工业生产力改变军事生产力的问题；如果没有民航事业问题；如果大家同样的尚武或同样满足现状；如果无人秘密扩充军备或公开否认军力分配制度；如果没有重洋海陆运输问题；如果各"国防军"及"流动部队"距离冲突地点的远近相等；如果各军队于顷刻之间都能集中作战；如果到紧张关头责任临身，无人犹豫不决或保持中立；如果，比方苏联或德国叛抗时，捷克内部能一致，或捷克和波兰能一致；如果，最重要的，没有一个国家操纵"世界政府"；如果"世界法官"不为大国所左右；如果"世界议会"无法指挥；如果大国不操纵"世界政府"，不再把它当做国际联盟般的私人机关；如果诸大国不致忘记道义，热诚消散，彼此分裂，改变初衷，推翻原议；如果"流动部队"不致为私人之利害奔波劳役；如果重要作战物资，不致为人暗中操纵；如果化学工业没有新的进步；如果没有秘密武器发明；如果有人能保证各国民意不致改变；如果没有自私和孤立政策；如果经济霸道不致在任何一国崛兴；如果天下真有公道可言，无种族歧视——那么这个计划还可能给我们和平。换句话说，如果这真是一场桥戏，纸牌实是纸牌，而非三心两意、性好争吵、随时变动的人类，那么，谢谢苍天，无人玩牌，纸牌维持初发出时的原状，我们便可避免战争了！

我们不妨研究一下这分配表，察看简单的数字背后，隐伏着多少复杂的心理因素。美国海陆军专家自然乐于接受古氏建议，英国专家也不致反对。但是幅员较大，人口较多的苏联为什么要接受较美国更低的分配，尤其是鉴于英美素来携手一致，印度联邦及马来亚联邦又归英美分别管辖？谁敢冒险去系铃在苏联这只猫的身上？

很明显的，增加国际"流动部队"的公共"集团分配军"，而减少"大国"的国防军，便能实现古尔柏森先生的一切愿望。较之减低"集团分配军"，增加若干国家的分配比率，而形成显明的强弱之分，总要高明百倍。平均地方联邦分配率均等，而提高公共集团分配率，似乎即能代表国际公道安全之原则，而引起人民的信仰，很简单的，若是公共集团军为50%，那么不论"反叛"之"国防军"声势如何，其实力总不及顺服"世界政府"的军队，除非整个世界群起而反叛世界政府——那是不可能的事。即使公共集团分配率定于32%或34%，亦可比较容易受各国接纳，方式如下：

（甲）集团分配军	34%
十一国防军（平均各单位得6%）	66%
（乙）集团分配军	32%
中苏英美（各单位10%）	40%
国防军（各单位4%）	28%

依照（乙）项方式，美英联军或中苏联军的军力，只达20%，

而集团分配军力则达 32%，国际警团全部更达 80%。

为什么不如此建议呢？这里就是根本症结所在了。其性质是心理方面的。这个原则，对英美须征其同意，对苏联则可强迫使其接受。"也许再减低英美的比率，较为妥当，但如此，英国议院便难予以通过，而美国也不致有三分之二议员投票赞成这个危险的方案。"但是有什么"危险"呢？何况把集团分配军提高，更无危险。但由苏联看法的危险，如何办理呢？

> 苏联有鉴于战前周旋资本国家之经验，而怀疑资本国家在战后之存心，可能采取绝对孤立之政策，等到他觉察世界联邦确是为了苏联以及大家的利害而设……如果世界联邦为维持军力分配比例计，苏联军力增加多少，联邦也增加多少，苏联当不致反对。

说来说去还是回到军备上的竞争，这已够危险，兼又回到政治上的压迫，岂非更加危险？

这里安琪儿爵士给了我们一个清楚肯定的提示：英美在战时及战后将采取"单独行动"。斯屈来脱先生及其他赞成英美联邦统治世界的一般人，意思也完全一致。其他诸国，随他们赞成与否，世界政府决不以全球之同意为基础。安琪儿爵士在 1943 年 3 月 11 日纽约市厅发表演说词谓：

> 记住，美国前辈的政治家采取门罗主义时，并未先草拟完美的《泛美洲宪法》。他们连拉丁美洲诸共和国，都未与磋商。宣言是单独发表的，在我看来，这足以为今日吾人作参考。

安琪儿爵士的火气，真愈来愈大了。

但是大国的分配率为什么高，小国的分配率为什么低？我们看见一番颠倒乾坤的理论，因为，古尔柏森先生说，小国会联合起来攻打大国？历史中何曾有小国联合起来防卫国土的事，更不要说联合进攻大国了。历史的事迹，岂不正恰相反？威胁世界和平的，可是挪威瑞士丹麦？且听他的话：

> 分配世界警察最理想的方法，似乎是给十一地方联邦平均之军力。但是这就是脱离现实了。计算分配率时，我们不仅须记住领土与生产力等因素，并须记住政治心理因素。如果各地方联邦皆得相等的武装军队分配率，较为贫穷的联邦（占大多数）必起而进攻少数富裕的联邦。

这又是芬兰威胁苏联安全的旧调。为什么不建议较大的"集团分配军"而求安全，或多信托"世界政府"一点，依我看来，若研究政治心理的因素，倒不能为历史上侵伐人国孽迹昭彰的大国说话，反而应替爱好和平的小国说话。

拿中国的例子来说，此说之不合理，更为明显。我知道古尔柏森氏对中国的感情不坏，他所应用的逆情悖理逻辑——加于中国的是一套，加于英美的又是一套——全非出于故意，也人情所难免。英美苏三国需要纵横大陆的生存空间，所以必须予以较高的分配率；为了同一的理由中国却不可得高分配率。为什么？因为中国要"威胁"其他国家，且看：

> 论将来的局势，为世界和平计，最好由美英苏三国分得最大的分配率，各得一纵横大陆之生存空间。这三国的经济生命

向内而非向外发展。(原文如此，不必怀疑!)此三国各遇有强大竞争国的威胁——如缺少生存空间之剩余大国德意志威胁他们，或工业落后在胚胎形中的大国中国威胁他们。

原来如此，工业(即军火工业)落后的中国，在威胁工业已发达的苏联或美国!

古尔柏森先生说得很清楚，中国因为人口甚多，领土易守，民族纯粹，所以只能得 4% 的分配率，而根据同那些理由，却须给苏联美国 15% 及 20% 之比率。古尔柏森先生也承认这"表面上的不公道"，而作如下"解释"：

> 论中国，这拥有五万万人口的英雄国家应得的分配率，似乎该在 4% 以上。其实她人口之众多，就是分配率较低的缘故。中国不仅工业生产力低弱，领土比较易守，并且她的人口也众多，种族也纯粹。她可能训练多于美国四倍的军队巡防内部。这巡防警队虽然缺乏重兵器，在事实上，可成助战的步兵。所以她的分配率，只有 4%。[①]

古尔柏森先生，我不懂你的话。

心理方面的理由，还不止于此。古尔柏森其实不要中国被人猜疑为帝国主义国家，不要中国激起全球的猜忌。后来论到不立"军力分配原则"的世界时，我们方看出其中真正的原因。

---

① 最后一句"所以她的分配率，只有4%"出现于油印第一版。在印成本及再版书，则已被删去。这很是有趣。这句话原来是用以加强语调的，但是古尔柏森先生后来一定觉察非但不能加强语调，反而把它减弱。

此外，世界联邦能给中国机会发展工业，而不招引其他国家的疑惧。若无世界联邦，强权政治可能促使其他各国进攻中国，不让她五万万人口因振兴工业而招兵买马到太强盛的田地。

但是即使在世界联邦之内，同一的难题仍然存在：要勒紧中国的工业颈喉呢？抑或听她发展，直到她要求与人平等，重订军力分配率为止，那时候再用枪尖把她压倒，或操纵"世界政府"把她镇住呢？这必成变相的"5：5：3"旧戏——此次日本挑战的根源。这种复杂问题之产生，全因为我们太重"事实"，而忘却平等原则。

中国或不得已而接受此分配原则，或拒绝不纳，是另一回事。如果她接受4%的分配率，那不是出于被迫无法，而是出于老子的大智若愚、以柔胜刚、居下不跌、不愿招人疑忌的哲学。我对这点确信不疑。我所怕的，乃是历史未久之国，睥睨古人智慧，不肯戒骄戒满而弭猜惧、仇恨、倾覆于未萌。"装做傻瓜"是一句道地的中国成语，有时候我竟忘记 to pretend to be a damn fool 并非英文成语。除了一个中国学者谁会称他自己"守愚""抱拙"？但是我知道，世界合作最后必因白种人的骄横而致失败。

不，和平问题，并不是数字问题，而是强国的心理问题。世界和平问题，不只是数字问题，正如率师作战，不只是布兵立阵，察看地理两件事一般；往往军队坦克俱全，问题全在率师将领之人格、头脑、勇气、机智、应付下属军官的方法，及对待长官、同事及敌人的态度。

丧师折兵有时因为主将在想念俘在敌营中的情妇。和平破产，固为赖伐尔辈迭次往来柏林罗马之间。如强权政治之观念不变，大政治家仍沾沾自喜、昏迷不醒，既不知战事因何发生，更不知战争目的何在——除了保守属地、维持原状——和平永远要成泡影，而我们的子子孙孙，还得流血。

可否容我建议一个简单的解决方案？可否容我证明和平是可能的事？可否容我借历史说明在世界上若干地带和平不是空中楼阁，而是有案可查的历史事实？美国与加拿大之间既无条约，又无分配原则，都相处甚安。可否容我再说一声，白种人未到亚洲前，亚洲已过了数百年国泰民安的日子？大溪第、巴利、沙摩亚【太平洋岛名】也曾度过太平日子，格林兰、冰岛也曾经见过和平。

可否容我说出其中理由？南美及加利比海得以安享太平，因为西班牙、葡萄牙帝国业已崩溃。南美内战是有的，但是我们不是谈内战，我们谈的是世界史中的大波动，今日世界若要和平，英、法、荷帝国必须拆散。这次战争，我知道还不足以引起反动，破坏这些帝国，我只希望第三次世界大战能竟其功。如果帝国政府不为菲律宾、爪哇、印度、缅甸等人民的"自治能力"过分担心，那么菲律宾、爪哇、印度、缅甸便有和平可言了。如果他们继续为各属地的"自治能力"过分担心，战争将永远在他们自己国内继续下去。

国内若无平衡，就必须内战。侵略者若不退出，就必须反抗帝国主义。世界唯一稳固的平衡，乃是平等。平衡立稳，方可望和平。小国家或许为了边境争执问题，有权利作战；大国家不论如何，无权作战，因为大国作战，势必牵累全球。小国作战，总是为了他们自己的事；大国作战，多半因为他们要干涉人家的事。小国安宁，因为他们有足用的领土；大国作战，因为他们永远不能满足——他们需要"生存空间"。最后，国不论大小，并非因知足而作战；国不论大小，不知足便作战。老子说得好："祸莫大于不知足，咎莫大于欲得，故知足之足常足矣。"

这样看来，古尔柏森先生置数学于心理学之前，不啻西人所谓拴马于事后。在全球五六十个国家中，推翻世界和平者，只有三四个强国。这些强国骄横傲慢，纵横全球，踢倒人家的篱墙，割夺人家的自由主权，攫取人家的财产——最后为了分赃不匀而互拼死活。他们先自己相打，后来还叫世界各国帮他们打在一起。这已经不像话。但是说和平之道，仅在解除小国的军备，增强大国之权力，以防小国联合起来进攻大国，那岂非更不像话？

奉告大国，你们至少也得装个并不害怕的模样罢！但是我们突然听见说须来巡防世界了。仿佛格林兰人、沙摩亚人、台湾人、缅甸人，都在威胁世界的治安，而诸大国却全副警服，雄起起地高视阔步，手持木棍，小国一不听话，随时准备棒击小国的头额。其实我们应该轮换一下，叫小国来巡防制止大国扰乱治安，而任凭沙摩亚人、巴利人、爱斯基摩人，自由自在。可是不，我们不能解除大国的武装，因为他们英勇作战取得胜利后，不肯让人解除武装。好，那末，让战争永远继续下去。头一样，你就要看见警察先生们先自开枪，互相对打起来，把我们这些可怜的弱小邻居吓得魂飞魄散。

血地篇第十七

——此篇专攻"地略政治家"而推究此类自然主义战争哲学所由来以明自然主义之深入西方学界

　　不战争的根源，还在深一层。我们不能把古尔柏森先生同强权政治家相提并论。他是站在我们一面的。站在对面的人数目众多，他们疮口的感觉极灵。医生，落手轻一些，因为病人怕痛；请施出最精巧的开刀手术来。俗语道："讳疾忌医。"麻风症象业已蔓延周身，因为强权政治是一个年代久远的沉病。诊治方法，唯在施行手术，割除分泌毒汁之自然主义、定数论，以及失望论诸毒瘤。

　　讨论地略政治这一门假科学时，我们须记住，地略政治把国家称做"有机体"，其实疾病也是一个有机体。病菌之为生存奋斗，与生命无异。它吸食病人脂血，奋力卫护自己的地盘。它埋伏在人体中，建造一个堡垒，然后反攻。强权政治的疾病也同样建造了一所庄丽的大厦，名曰"地略政治学院"。门口放了一座由自然博物院偷来的裸体石像，名科学夫人。檐下边沿四周冒刻培根（Bacon）、李奈斯（Linnaeus）、莱布尼兹（Leibnitz）、赫姆波脱（Humboldt）、黑格尔（Hegel）、华格纳（Wagner）、达尔文（Darwin）名字。里面有堂皇的走廊、明亮的图书室；编排分号的文件案宗，堆积如山；更有一间整洁的白磁砖厕所。原来凡是够得上称为科学的机关，都有整洁白磁砖厕所。达尔文、李奈斯、赫姆波脱等，如何能不备这种厕所而能作科学上的发明，仍是近代科学史中没法解决的大谜。

现在可以略过美英联邦的赞助人不谈，因为要找此种材料，到处都是。一片沙漠，只要看到一角，便可知其全部。我们倒应该加紧脚步专心一致的检查今日人心道术的根本症结，直到发现毒源之所在为止。我们可以把地略政治当做人心道术一个病症，而反复细察，现代人何以有这种思想。

因为地略政治到底还是一种哲学，德人所谓 Weltanschauung 是一种思想的产物。在地略政治境内，纳粹学者和反纳粹学者都在揖手行礼，互相敬慕。由这种头脑、这种学术态度，才产生了近代的强权政治，使其滋长畅茂。史班克孟教授是今日美国的最享盛名的地略政治家，所以他虽不能代表一切学人的思想，却能代表一部分学人的思想。在他心中，学术不近人情之趋势已到极点，而科学与良心是非，已经分家，背道而行。

史班克孟教授可算是强权政治的发言人。《世界政治中之美国战略》一书的副名是《美国及武力均衡》。他深信强权政治，并表现出来强权政治的各种征象。他说：

在基本上，新秩序与旧秩序将无大分别，国际社会仍将随权力为转移中心。新世界必为强权政治之世界，美国为本身利害计，仍须坚持欧亚武力均衡。①

所以他赞成美英日三国联合统霸世界，他反对欧洲统一，不管是在联邦组织下或由一大国统领，因为：

> 欧洲联邦可能成为一团结的军力，把我们【美国】在大西洋的权威全部改变，并削弱我们在西欧的地位。美国的和平目的，如系建设统一的欧洲，我们便已挑错了敌人。出动全力帮助希特勒，乃是建设统一的大西洋区最简便的方法。

换句话说，我们作战，原来是要维持欧洲分歧的局面。我们现在的立场不错，因为我们在毁灭欧洲的统一联合；我们帮助英国人，原因不过是要置欧洲于水深火热之中，俾使美国成为一个重要的大西洋权威。所以史班克孟教授主张美国须把持欧美亚三洲的领袖地位。为达到此目的计，美国在击败德日之后，仍须继续奋斗，直到消灭中苏军力为止。② 欲达到此最大目的，必须恢复德日的军力，以对付中苏。"华盛顿也许将信服英国的论调，要求强盛的德国继续存在。""如欲维持远东势力之均衡，美国须对日本【如对英国一般】采取同样的保护政策。""幅员自乌拉山（Ural）至北海之苏联，与幅员自北海至乌拉之德国，难分轩轾。""一个前进昌盛，军备充实，人口达四万万五千万的中国，不仅将威胁日本，并将威胁西方诸强在亚洲地中海【南洋】的地位。"

---

① 见《世界政治中之美国战略》，第461页，此后引用各句，见460、466及470页。

② 见460—461页。请参考第三篇中之引句。

史班克孟教授这本书最后十五页内所蕴含的国际毒液，比希特勒《我的奋斗》全书更剧烈。史班克孟教授真的神经错乱了吗？没有，他所讲的是科学，与人生价值无关的科学。他保持完全超脱的客观态度，头脑用消毒密封方法封住，人类感情已全部肃清。如果有人说得出史班克孟教授与霍斯何弗【Haushofer，德国地略政治第一大家，见下】或希特勒在宇宙观上有什么分别，我倒愿意听听。史班克孟的头脑实是纳粹头脑，但是科学化的标签，在科学界内，当然不能算是侮辱。对一头臭鼬与对一头松鼠的分别好恶，完全是我们俗人的偏见。除非我们能学到自然科学的严肃客观境界【不复分别好恶美丑】，我们不能懂得史班克孟教授。

去年美国人搓眼醒来，发现"地略政治"（Geopolitics）这个新名词，即德人所谓 Geopolitik。与此名词相联的，有霍斯何弗教授【Prof. Doktor Karl Haushofer，生于 1869 年】，地略政治的大师；传说他对希特勒，产生了极大的影响，正如拉斯布丁（Rasputin）影响最后一个俄国皇帝一般。不论传说如何，《我的奋斗》第二卷十四章，人家说是由霍斯何弗代笔，不然便是根据霍氏的意思而作。他对世界二次大战的关系，颇似突来茨基（Treitschke）对一次世界大战的关系。

美国人民迟迟开眼，才当觉在霍斯何弗之前，还有一个英国人名麦肯德（Sir Harold Mackinder）早在 1904 年，便发表地略政治的中心理论，倡欧亚"中心地"之说；1918 年著书名《民主理想与现实》，原已为人遗忘，1942 年又再版复活。我们更发觉整个背离人道的生物概念——倡论"国家有机体"及"有机欲望"之说，申言国家在"生存空间"之争夺中，如植物般生长死灭——原来早已为一个瑞典教授吉伦（Rudolf Kjellen，死于 1922 年），立下梗概，而吉伦氏则在 1890 年间宗德人拉塞尔（Friedrich Ratzel，1844—

1904）的师说。这门欧洲科学的国际共同的来源的重要性，在下面还要谈到。

地略政治之所以危险，因为它是一门"科学"，而假借科学之名，已有过多少孽迹。须知道，德国地略政治与政治地理之不同，乃在地略政治实是"政治行为的引导"。政治地理，根本上是地理，目的在描述与分析，而地略政治，根本上是政治，就是征服世界的政治，至少是世界争斗的政治，以战略的地理概念为基础。德国地略政治家毛尔（Otto Maull）说得很清楚：

> 地略政治所研究的国家，并不是一个固定的概念，而是一个有生命的机体。地略政治与其母家科学政治地理不同，并不研究自然之现象——如地势、领土、外形、疆界等等。地略政治……佐衡某一地势，然后以其结论引导实际政治。[①]

由此看来，地略政治是具有应用科学的性质了。此科学的唯一应用方式，乃是为操纵世界，争取地球面积作国际斗争，所以地略政治就不仅是一种毫无害处，专论国家机体与"地面"之关系的政治科学，而必然是"血"与"地"合一的科学了。并不是地略政治家计较到人类的流血。那是在这项"精确的科学"的"范围"以外。但是每听他们讲起"地球"或"世界岛"，我就觉得它已为人血染红。地略政治并不是研究"土地""地片"（Land-Mass）、"核心地"（Heartland）"边沿地"（Rimland）、生存空间，以及伸张空间的科学，而是"血地的科学"。它与政治科学之分别，有如溶化的雪浆与白雪的分别。它唯一的科学面目，乃是日积月累的实际材

————————

① Andreas Dorpalcn：《霍斯何弗的世界》，第24页、25页。

料，对"政治空间有机体"的纯生物化观念——把国家当做一棵得
土即生，失土即死的大树——以及对人道天理的神鬼不怕的漠视睥
睨态度——这态度我们称为完全的"客观"科学。人口可以如萝卜
般移植他地，"世界岛"可以如破瓜般任意割裂，作最利于强国的
分配。为了此事，要炸毙几十个儿童，或消灭百万生灵，不值得麻
烦这些世界屠夫的心事。地略政治之所以成为科学，就是由于这种
漠视人类价值的态度，认为物质势力决定人类历史的机械观念，以
及把世界当作深山荒林野兽世界的"自然"观念。

　　不幸得很，地略政治不仅僭取自然科学之形式及术语，并
被人认为是德国科学。我不敢说美国人遇到德国科学，便生
"自卑错综"。美国照相机，大约与德国照相机难分轩轾，美国
轰炸机的瞄准器，高明许多。虽然如此，德国科学总居至尊地
位，美国学界也万分景仰。在美国大学内，某几门学科，譬如
说文学，德国影响实堪惋惜，而其恶势力犹把持住高等研究院。
地略政治既称为一门德国科学，立即为若干美国教授所重视，
信徒源源而至。

　　《生活》杂志在1942年底载文云："本年内美国各大学开设
地略政治课程，不下一千五百余。一般教地理的冬烘学究，都摇
身一变而为新进的地略政治学家。"但是美国也有第一流的地略
政治家，如霍普金斯大学的鲍门校长（Isaiah Bowman）、乔治城
的华绪神父（Father Walsh）、耶鲁的史班克孟、哈佛的威德时
（Derwent Whittlesey）、普林斯登的雅尔（Edward Mead Earle）
及史普老（Harold Sprout）。他们把地略政治称为"科学"，所以
它就要保存为一门科学了。美国人民的常识理性将如何改正霍斯
何弗主义，还得等着看，但是美国教授不会舍弃其科学衔头。我
们不能一笑了之，把它当做一种一旦深入美国土地，便能自解其

毒的德国毒药。

这个德国的宇宙观以及达尔文自然物竞之说，影响美国地略政治家到何程度，且看史班克孟教授便可知道。他的著作最能完全反射出这"强权政治之自然科学"的德国风味，丝毫不容人道观念插足其间。这种话读者看后作何感想？

> 决定外交政策的政治家，考虑正义、公道、宽容的价值，只能在有益于权力目标的范围下进行，不可使它有碍权力目标。正义、公道、宽容可以利用作为攫取权力的藉口托辞，但是实行时若可致弱，便须即刻放弃。攫取权力之目的，不在建立道德公理，道德公理之用途，乃便利权力之攫取。

读者中十九必以为这是希特勒《我的奋斗》中的话。不，这是史班克孟教授所著《世界政治与美国战略》第十八页上的话。霍普金斯大学校长浦门氏称此书道："这本书至少须在一百万个美国家庭中为人阅读。每个政府负责人在此后二十年中至少须每年读一遍。"

学人的这种寡廉丧耻，还有实证可举。威格博士（Dr. Hans W. Weigert）著新书论地略政治，书名《将军与地理学家》。在最后一章内，威氏痛心疾首向世人呼吁，请求恢复人道的观念。《纽约时报》刊一书评说："此书最后十五页论'地略政治与人道'，作者不应该写。"写书评的人说此书："结尾的论说……与霍斯何弗之著作同样晦涩混乱。"其所以"晦涩混乱"，据我看来，全因为作者把人类的是非判断，引进了客观科学的森严境界。想起美国学界对威格博士的呼吁，竟毫无反响，就不寒而栗。

反之，最近史突老斯胡伯（Strausz-Hupé）、威德时（Derwent

Whittlesey）、陶柏伦（Andreas Dorpalen）等所著论地略政治的书，[①]以及威格那本著作，[②]对霍斯何弗主义都有正确的批判。德国的地略政治思想，值得仔细研究，正如《我的奋斗》值得仔细研究一般。（陶柏伦之《霍斯何弗将军之世界》一书所备载的资料，多半非美国读者所能搜得者。）

可是在我看来，地略政治，不论是霍斯何弗派或其他派，50%是集合而成的客观材料，30%是冒牌科学，20%是德国玄学，或可说是"浮士德的悬望"。地略政治定义太多，有的故意戴上客观科学的高帽子，看了反令人糊涂，不如听霍斯何弗自己的话："地略政治，乃是国家机体在争取生存空间的生死战中所采取的政治行动的科学基础。"试删去"生死战""国家机体"。"生存空间"这种杀气腾腾的名词，地略政治便不能引导政治行动了。删去以亚洲"核心地"为基础，建立欧亚大陆大集团这种动力的意念，地略政治便成为连霍斯何弗都不屑看它一眼的东西了。

很明显的，地略政治也有它的贡献。第一，它告诉我们，不论为世界战争或世界和平作政治计划，我们必须充分认识地理，正如草拟战略需用精确的地图一般。华莱士副总统建议空中航道，顾及北极地带，便显出优良的地略政治头脑。其实，不论是谁，凡考虑到巴拿马运河或苏彝士运河的政治重要，都是在运用地略政治思想。第二点，地略政治教人战争与和平的世界观，最为中肯。德日两国精悉此中道理，而西方民主国家则落后得可叹。纳

---

① 史突老斯胡伯著《地略政治——空间与权力之争夺》（Putman版）；威德时：《德国征服世界之战略》（Parrar & Rinehart版），附有趣的地略政治地图；陶柏伦：《霍斯何弗将军之世界》（Parrar & Rinehart版）。

② 为威格在《将军与地理学家》第14页所引（牛津版），参见陶柏伦书中关于"正式"和"非正式"定义，第23页至25页。

粹战争"罪状"最好的证据，如果需要证据的话，乃是他们的充分准备，以及民主国即使在珍珠港事件一年后对亚洲政策之糊涂。德国人和日本人计划世界政治战略，实在头头是道，详尽无遗，而英美人应付亚洲问题，昔日今日，始终如在混水中摸鱼。此处顺便可以提起，绘地图、看地图的艺术，也可从地略政治中学得不少进益。霍斯何弗创办慕尼黑学院时，最大的不满便是说德国军官不知道如何阅读地图。

我们都同意，罗森柏（Rosenberg）的亚利安（Aryan）优秀民族之说，乃是冒牌科学。这种问题大家心中明白，无须多费口舌去排斥。地略政治之为冒牌科学，就不怎样明显了，因为地略政治家口上总挂着"地片"（Land Mass）和"世界岛"这种名词。然地略政治之为冒牌科学，实因其中心对象是世界政治，而世界政治，因其性质关系，决不能像矿学般以纯客观的眼光来研究。人事关系中根本无客观可言，有时我们因某事必须作一选择，在选择的时候，主观的成分便渗透入内。主观成分一入，地略政治便缺乏客观性，不亚于亚利安民族之怪论。在这种地方，道德观念之颠倒，一般见解之不可靠，即时可以看得出来。

李南教授（Prof. George T. Renner，哥伦比亚地理教授）的建议，便是一个有趣的例。他说，由地略政治的观点看来，瑞士民国应该消灭。这建议非但有欠公允，简直是倒行逆施，因为瑞士民国凭靠李南教授目力所看不到的民主精神，并违反地略政治学的"伸张空间公例"，在七百年来，竟能异族杂处，国泰民安。又如史班克孟教授对英日在地势上的酷似点，甚感兴趣，于是主张美国应以同样的方式，与英日两国合作。然而英国国民性根本上非恶战，而日本国民性根本上好战，这条不同，便置之不理。我所反对的乃是这种荒诞的论说，对世界政治现实茫茫无睹的见解，都要借科学的名义做幌子。须知逆情悖理，并不一定便是科学。

地略政治之为冒牌科学，不易察觉，因为它的根源较深，且与十九世纪自然主义的论调吻合，这自然主义就是将达尔文物竞论移来适用于人事。这自然主义乃是十九世纪后半叶欧洲思想的一个特征。前面已经说过地略政治在欧洲的国际共同的来源。拉塞尔先倡"国家有机体"，把国家当做一个为生存竞争的有机体，克介伦继倡"国家是活物"【书名】之说。自然主义，明明发端于达尔文物竞原理，并顶了科学的冠冕，要把这自然物竞公例应用到人类的关系上去。在《生存空间生物地理之研究》（1901 年）这篇论文内，拉塞尔借用达尔文应用于动物世界的名词术语，光明坦白，毫不隐讳。

危险性乃在除非你否认人类意志的自由，专谈物质势力、"伸张空间律""有机体"，把地理当做决定国家生死之天神，否则你不能排出"科学家"的身分。此外，科学要预言未来，而只有定数论，方能帮我们预言。在地略政治的思想上，史本格勒（Oswald Spengler）是霍斯何弗所绝对信仰称引的一个人。他最清楚代表一种看法，把植物学应用及人类文化，当它是根生在"土"中，生由土死亦由土的东西。他的悲观主义完全出于定数论，而定数论又出于自然主义。因为地略政治已在欧洲思想界及欧洲权力政治圈中根深蒂固，所以我们不能再把霍斯何弗的论说当做德国一地独出的畸形怪物。

因此，我们也不能说地略政治毫无道理；它自有一套自然主义的道理——强权政治或深山荒林野兽相残的道理。如果我们接受自然主义，结果必陷于史本格勒式的悲观主义中，无法挣脱。除非我们情愿与强权政治和此自然主义的宇宙观一刀两断，根绝关系，史本格勒的悲观主义是不无理由的了，或许西方文明将永远陷于战争中。

　　自然主义的毛病，乃在自然的东西太多了。深山野林，弱肉强食，在我们学者看来是很自然的。屠杀已成为科学上自然的事。轰炸小学生也成为自然的事。我们的自然主义已够了罢。不近人情，装出科学的面孔，已不为我们所不许了。

　　我们必须悬崖勒马。除非我们对于许多人事起立信心，拆下假充科学的招牌，这个时代的文明必陷于不可收拾的田地。除非我们排斥造成 1914 年及 1939 年洪祸的意识标准，把自然科学与人的范围分别清楚，自然科学归自然科学，人归人，否则我看不出西方文明如何能免灭亡。有许多许多事情我们无法"科学的"处置，因为我们绝对无法"证明"它，甚至于连冲量都不能。人类的平等就不能证明。世界合作的可能性也不能证明。我们只能信而行之。我们必须树立人道信义，来替代自然主义的观念。我们的真理观真理标准都须改变。孔子的标准并不太错："道不远人。人以为道而远人，不可以为道。"这是孔教给自然主义的回答。

　　地略政治家自称为"现实家"，这就是说他们不耐烦理想主义，他们当代许多人属于颓丧派的时代，而慕尼黑好汉和其他妥协大家却被认为"现实家"。替印度自由运动说话的人被人讥笑。呼吁肃清强权政治的人，被人讥笑。谁相信如果我们心正意诚，大家出力，苏联与西方民主国间一定能友谊合作，也被人讥笑，但是教导世人走上互相猜疑，均冲武力的血路的人，却自称为"现实家"。

　　归根结底，这不过是自由意志与定数论问题，以及善意友谊能否改造我们人类世界的问题。人间和平，容我再说一次，只能由信而行之。信心消失，我们便无法自拔。说到最后不过是这句话：耶稣"和平之主"，是不是一个大撒谎家，我们必须打定主意。

亡道篇第十八

——此篇归结上篇所引证指出科学客观不加好恶的态度施于人事关系必发生危险及论人事研究上客观之不可能

我们似乎承继了近代思想的颓丧，末世的传统，这些地略政治学的大教授们堕入其中，不能自拔。我们只见地略政治及其信徒表示出来的根深蒂固的冷酷态度，愚信强力与争斗的必然性，全然忽略道德观点，最后，以骄威吓人，主张为世界利益计，以庞大海空军巡防天下各地。

如果教授的主张压倒平民的主张而被采用——在西方民主国中，若干有权势的社会及官场内，的确大有如此倾向的证象——那么千万美国男儿，又要在下次战争中流血。地略政治家自己也不敢说，划一统霸世界后，世界便可和平。不过是说，英美必须磨利尖刀，永远在世人头上挥舞，以期镇压反叛。换句话说，在

希特勒手中，武力不能成功，在英美手中，却可成功。如果这便
是引导人类政治动作的明灯，前途正是黑暗，因为这就是说，战
后英美必以五万架飞机二十万飞行员来威吓全球。可是如果中国
人不怕，苏联不怕，整个世界不怕，那怎么办？出动飞机去轰炸
他们？说得容易！

要流了多少美国男儿的血，才能压倒中国和苏联，这问题从未
蹑入饱览群书的教授的头脑中。如果他们曾考虑过这问题的话，他
们便不会再装做科学家，而将不顾尊严，发泄明辨是非、深恶屠杀
的感情。史班克孟教授已忘记上帝。他的回答是他所研究的纯粹的
地略政治，而地略政治与上帝是风马牛不相及的。我的回答是地略
政治与上帝不应该风马牛不相及，否则我们便是借了科学的名辱贬
人类的心知。我知道我是一个异教徒，史班克孟教授是一个基督教
徒。但是一个异教徒仍能相信上帝。我愿意同这位基督教教授辩论
此点。【按史班克孟教授于此书出版前三星期逝世。】

这难题到处发生，须迅速予以解决。近代学界的哑谜——说若
要"科学的"，必须排斥道德判断，并且无法较量人情——换句话
说，实行废道忘义的学院式的观点——这个哑谜，西方思想界须赶
紧设法解决，否则影响所及，国际间大家亦必废道忘义。天良丧
没，并不自下层开始，却肇端于上层；并非源于不学无术的低级社
会，而是源于教育有素的知识阶级。由此说来，我们如果希望有个
太平天下，必须依靠纽约汽车夫的看法，而不可妄信这位耶鲁大学
的国际问题教授。

因为我们已渐渐迫近近代知识界的怪病。我责难西方学界废道
忘义。在自然科学中这种客观评察，不加好恶的态度的确可嘉，但
是应用于人文的研究上，便是简直颓丧污邪的态度。我说这种背离
怜悯苍生之感的学府观点，如在大学课室中提倡，必生危险。我说

这个近代思想趋势，已产生了一个希特勒，而凡此种青楼道德传播之处，将产生更多的希特勒。不但此也，我说这纯粹的客观态度，在自然科学范围中很有价值，但在人文科学中，却危险难靠。我说在人类的关系中，客观的思想决不可能，而且根本没有此事。因此，我说，除了生理学以及相联的医学人种学以外，如依真正自然科学的狭义讲，人文科学是不可能的。我相信在所谓人文科学中，科学的技术应用有限，须辅之以慧心灵眼，否则我们必遇大祸。世界问题，尤是如此。此点下面【说见化物篇二十】还要解释清楚。

我说这些话的原因是：第一，事实汇集到手，在最后较量结论时，其取决去舍，是一种主观的程序，须将种种非数字事实所能形容的心理精神因素估计起来，比尔德（Charles A. Beard）【美国有名经济史观的权威】的孤立政策，便是客观方法失败的一个证明。在最后冲量五花八门的事实时，决定你要采取孤立政策或反轴心立场，不但可以，而且必须放入感情好恶，否则我们便是污辱了上帝赐给我们的心智天良。

第二，在人事的圈圈内，心理的因素，决不能像电流或音波那么用科学的仪器作准确的测量。苏联和中国的民气，便是一个明证。如果有人收集事实不辞烦劳的话，德国当然是其中的一个。日本也是。当时形势似乎对他们绝对有利；现在则不同了。德国人能弄错的话，我们也能。

第三，我们对世事的估计，随人而异，所以客观决不可能。日本之为好战民族，英国之为爱好和平的民族，在我看来非常有意义，但是在史班克孟教授看来，却毫无意义。日本民族穷兵黩武，性好侵伐，中华民族爱好和平和民主精神，这点分别，就应该作为我们在战后抉择友敌的凭准；但是史班克孟教授不以为然，他只打开地图，察看地势，注意英日两国在地形上的酷似之点，而引起精神上的莫大兴趣。谁是真正的客观，谁敢说惟有他一人是不会错的——而且惟有他一人高明？

第四，谁自称能排脱偏见，便是自欺。私人的好恶，不能避免，史班克孟教授说中国与亚洲地中海（南洋一带）的关系，仿佛美国与美洲地中海（加利比海）的关系。虽然如此，他觉察有建立强大的日本以制止中国的需要，却绝对不会提议建立强大的墨西哥以制止美国。这最后决定完全是感情上的偏见。

第五，这种法西斯蒂思想背后，潜伏着近代摩登学界的定数论。定数论时常产生不负责任的态度，似乎建立新世界，我们绝对无能为力，无须白费心思。汽车夫有勇气说："这个世界永远战争真不好，让我们改它一下。"定数论的信徒没有勇气说这种话，只能说："世界不好，将来还是不好。"这种邪气的预言，含蕴着知识阶级的风味，但是于改造世界，并无裨益。西方学术与排斥是非良心，已经过分了。

第六，这个世界并不如冒牌科学家想得那么简单。英美如以庞大的军力霸治世界，将产生什么结果，最优秀的地略政治家也说不出。只有一点我们可以说得肯定：最大的压力，产生最大的仇恨。人民反抗武力的威胁，权力产生腐败【西方名言"All power corrupts"，"凡有权力必腐化"】；腐败产生良心的责备；莫明其妙遣送美国男儿到新德里、加尔各塔去协助英军镇压叛变，中印苏誓言愿为炸弹炸成灰烬而必继续抵抗；以非武力政策应付武力（这该把基督教国的脸颊羞红，但是在事实上并不）；人民因缴纳战税而不胜负担，痛苦呻吟；甘萨斯省一个农民最后显示出灵敏的直觉，说道："什么鬼道理，我为什么要替人家去巡防世界。"——这一切都是英美统霸世界后的必然现象，汇合而产生前次凡尔赛条约后的反动局面。

倡导武力统霸政策的人，连这些道理因缘都看不出。不论怎样，扩充军备以压制中苏，美国必受良心的谴责，而精神上自觉理曲的弱势，必远在种族战斗的烽火烧及全世界之前肇其端倪。

啼笑皆非
Between Tears and Laughter

卷四 治道

当代篇第十九

——此篇原名《当代之品质》言世事之变起于人性观念之变并陈叙自由人权观念之退步及经济安全观念之崛起

　　为什么这样沮丧？很明显的，人类的思想已经变了。生活的意义和价值已经变了。人对自己的看法已经变了。我们对人类本性的看法，也变了。这一变，整个世界便陷于紊乱之中。让我们用历史来证明。

　　世界惨剧演在我们眼前，这时候我们似乎应该衡量时代的特征，估计我们精神货物价格的贬涨。我们已经觉得不敢再为欧洲文明自鸣得意了。每次想到欧洲，我总想到德人吊死三个波兰人的相片——一座吊架上，挂了三根绳子，绳子一端缚住了波兰人的颈上，身体悬空，较平时为细长。我不管是德国人在吊波兰人，或是波兰人在吊德国人，我只知道欧洲人在吊欧洲人。那张相片乃是欧洲文明的批评，一个很深刻的批评。

你如果细察今古史开始以来四百多年的经验，若干名称为"意念"（即思想上流通之货币），价格或涨或贬，一定会使你惊异。不要忘记这次战争以前社会经济的不安——民主观念之崩溃破产，大家只讨个安全，寻觅生计之保障，而促成法西斯主义、纳粹主义，以及其他集团主义的兴起。我们可立表解释这历史的背景。

	上帝	灵魂	自由	教育	工业财富	社会福利	人权	经济权
苏联	减	原状	减	增	增	增	减	增
德国	消灭	原状	消灭	增	增	增	消灭	原状
法国	减	减	减	增	增	？	减	？
英国	微减	微减	原状	增	增	增	原状	增

大致说来，上帝和自由的运气最坏，教育和工业的运气最好。此处值得注意，灵魂观念在德国，一点没有贬价，反之，还是德国战争机构内的一支原动力【即德国浪漫主义及玄秘主义之影响】。"自由"与强迫相对，代表人权，所以与"人权"相同，此处再为人权划立一行，不过是便于同"经济权"衬托罢了。我们日甚一日地喜谈职业的权利、收入的权利、保障老年失业安全的权利、皮弗利基计划书内所述的权利、军士回来工作的权利……而忘记自由之权、国家自主之权、个人之权。"工业财富"代表国家的生产力，而非指财富的分配。有财富而没有分配的方法，对社会个人并无意义，不能算是进步，只能当做一国的作战力。老实说，生产力过大，往往引起市场的竞争，结果必因市场纠纷而作战；所以大生产力对于和平有贡献，抑或有损害，还是一个大问题。兴战的人，总是工业国家，而非农业国家——日本和中国便是一例。生产力之大

小与社会的安全或不安全，不生关系，但是如果生产品分配不均，那便能促成社会的不安。孔子说得好："不患寡，而患不均，不患贫，而患不安。盖均无贫，和无寡，安无倾。"这老人家，连经济学的原理都说得中肯。

上面这张表，并不能代表整个欧洲的进步，因为大多数前进的国家，如，丹麦、荷兰，都没有计算在内。在天主教国内，上帝总还有能保持地位的倾向；我不是一个天主教徒，但是也得承认此点。可是大致说来，这是一篇生意不稳固的结账单，情形不可乐观。上帝和自由已渐渐失去地位。因为如此，所以德、意的人民都听任法西斯蒂消灭自由，而连今日美国的通达之士，鼓吹经济安全主义，远较鼓吹十八世纪的自由观念为热心。

这有什么意义？人的头脑自然集中在这时代较急迫的问题上。一个人生了胃溃疡，脑中只有想到胃；我就从来不想到我自己的胃。十九世纪的问题是经济的问题，所以十九世纪的人都谈经济，正像十八世纪的人都谈理智，十七世纪的人都谈神意一般。二十世纪的人只谈安全，这岂不是一个恶兆？

我想，作战，就是要保护资本社会。此次战斗的开端，实在是欧洲社会和经济的不安，以及民主政治的崩溃；所以战争完毕后，我们当然要从那崩溃动荡不安一阶段，重复收拾起来，并且现在就得替它计划——这就是所谓"战后计划"，要点是保障职业、社会保险等。这些方案，把我们头脑全部占住，别的问题我们都想不起来了。我们从国内经济一步跨到国际经济，而把国际和平与出入相抵的国际贸易清结单，混为一谈，分不清楚。赫尔一派的人似乎以为维持世界和平，不过是重订关税表的事，年终结算，如大家赚钱，友谊、公道、自由、大同，都会一并源源而至。

数年来侨居美国，我只遇见一个真正有头脑的人——至少是只有一个人的和平观念我完全同意。那人是一个黑人。数月前我在华盛顿联合车站同一个黑人脚夫讲话。他的面目秀慧，且有悲怆之色，他说他在中学内念过三年书。他每月赚一百五十元钱，要养活一家六口。我同他说话，因为他眼中若有所思。我说此际作战时候，他的收入不能算坏。他说生活艰苦，他的妻和儿女都得出去做事。后来我们讲起战事。他黯然说道："战后情形也许可变好一点。但是我所不满的，倒不是钱，钱少我不计较。我们要人家把我们当做人看待。"这两句诚恳坦直的话，把我怔住了。你能把一种美国的皮弗利基计划拿来安慰他吗？但是社会待黑人的心理态度这一点，是我们所不能用数学解决的，而正是西方思想家在战后计划中完全忽略的一点。他们为了他的经济权绞尽脑汁，而不肯替他做人的权利稍费心思。他们以为经济权有保障，他便能快乐了。

反之，他们都叫我们放弃更多的自由。这可激起真正民主信徒的怒气。经济方策可以医治经济病，可是不是万能药。经济进步产出病症的医法，并非再求经济进步便罢。人类总要继续生存，要过合理安乐的生活。如果我们取得了胜利，而失落了灵魂，那怎么办？文明到底还须有个内容。

但是问题的究竟，还要深一层，直达我们思想的纤维，且与这时代的精神有关。我敢说这句话：依我们这种思想方式，我们决不能建立或计划世界和平。今代思想已日趋机械化。容我指出今日所用名词已经变更。我们怕用"良善""公道"慈悲"……等简单的旧名词。用当然可以用，但是，譬如说，一个人如果用了"四海之内皆兄弟也"这句话，马上就有人说他思路不清，说老生常谈。这个时代，至少高级社会的人，简直不相信这套东西。拿法国字 Fratenite【博爱】来看：有一个时期【法国革命前后】，这字竟能在知识阶级中引起激烈的感情。他们相信这个字；我们今日不相信它。这个时代摒绝了一切老生常谈，良善、公道、慈悲，都是像使用过久的小铜元。我们造了悦耳的新名字来顶它们。一个女孩子如仍用维多利亚式的名字若 Faith（信念）、Prudence（谨慎）、Patience（忍耐），一定会被同学当做笑柄。教育家、传教士、演说家往往都避用这些名词，而代之以摩登名词，如"精神价值"（"Spiritual Values"），或"社会价值"（"Social Values"）。可是"价值"这两个字，就用得奇怪，因为它的来源是经济学。这两字与账簿有关，所以听来悦耳，令人想起主妇买价廉物美的货物（称为"好价值""good values"）。别的名词的来源是社会科学。教育家称娼妓为"反社会者"，称卖淫为"反社会行为"。这些名词有些怪味在内，似乎已经加过人造工夫把水分吸干的味，而使我们觉得道德观念已经剥得干干净净了。我们不再"感化"一个酒鬼了，我们使他"调整"使合乎社会，正像我们重新调整手表机器一样，甚或使他"适合"（"acclimatize"）一个新环境都可以。一个成功或不成功的人，是一个"完整"或"分裂"或"不调合"的人格。今代的名词真愈来愈机械化了。一个政党和一部汽车，都可称为"机器"（machine）。大众的情绪是"反应"或"反响"，外交往来关系是"压力"，流行的态度是"习惯的集体形态"。骄傲是"膨胀的自我"，夸张是"自卫机构"，批评是"发泄"，还有什么【凡泄气防险作用的】东西是"安全门"，而一个失业的人是一个"脱节"的单位。

以上所举的都是很普通的名词，与个人的笔调无关。我故意不举其他社会学家和心理学家所用的学院式怪话，如"平均满足价值的过程""情感的反应""意念作用的改造""联系的回忆反应"。事实很简单：我们不但怕作道德的判断，并且怕正常的感情。我们的道德伦理已有点像人造化学品，先抽出水分，制成精粉，才拿出来问世。可是如果有人对我说专谈"联系的回忆反应"的心理学家能教育子弟，或专谈"平均满足价值"的社会学教授能造福人群，我便不相信。《美国学人》【1942—1943 冬季份】登了一篇有趣的文章，评论这种"教育法"，作者引了许多教员令人捧腹的佳话，而这班教员的任务，据说是教育青年子弟，启发他们求学兴趣。在美国学术研究会的心理学部门，一位先生念了一篇论文，题目是：*The Reduction of Data Showing Non-Linear Regression for Correlation by the Ordinary Product-Moment Formula ; and the Measurement of Error Due to Curvilinear Regression*。一个学童对学习史地的兴趣或天才的发展，有科学方法可以得知，只要看"An extension of the Kelley-Wood and the Kondo-Flderton Tables of Abscissae of the Unit Normal Curve for Areas $(\frac{1}{2} a)$ between.4500 and .49999 99999"便一切明白了。遇见这种教书先生，我焉得不学耶稣说："让小孩子到我这里来。"机器已替代了人；只须看这些机械式的名词，我们便可知道，人类的头脑已经改变；我们的血管内，已有人造血替代鲜血。我们必须先进科学的殡仪馆，把人血取出，用人造血打进血管去，才可以做这时代的大学教授及教师。人的头脑是一条"轨道"，或"单轨"，或"双轨"（"single-track mind"，"double-track mind"）。上帝是一个"重心"。只有一块钱仍是一块钱，除非它是五毛九分钱。

所以，在未了解我们自己和这个时代之前，必须先了解我们思想的根蒂，并研究我们如何养成了这二十世纪的思想方式。往昔的标准，为什么变了？我们对人的观念，为什么变了？生命为什么失去了意义？为什么即使在卫护民主政治的战争中，我们仍变成犬儒、悲观者和硬到底的"现实家"？物质主义的信徒，必作战到天地末日。物质主义的信徒，既不能结束战争，也不能建立和平。他们的头脑不行。所以要问，我们为什么变成物质主义者呢？

让我们先看自由的基础如何动摇。我们将看到自由性质的改变，因为人的"权利"的观念已改变，而自由的基础即是人权。

但是我得先解释清楚，四大自由中的两大自由，并不是自由。其中一项，在我看来根本竟无意义。仔细研究一下，你便可知道，四大自由中有两项是混在队里为伪装自由，出自经济的鬼戏。"Freedom from fear"不是自由，而是政治安全。"Freedom from want"不是自由，而是经济安全。要实现这两种安全，或许要牺牲人类的自由；而我们如果太重视躯体的安全，牺牲人类的自由【人权】，是必然的事了。最能给狗以"Freedom from fear"及"Freedom from want"之感者，乃是一条颈套。它的第二顿饭，是必有着落的了。笼中鸟牺牲了翱翔天空的自由，而避免了遇见老鹰以及雪中挨饿的危险（用英文说是 Freedom from preying hawk and freedom from starvation in the show）。但是一头故意飞入笼中的鸟，【以求安全保障】除非你施出诡辩绝技，不能说它是为自由奋斗。这都是英国文字的玩意儿【feedom from 即指"避免"，或指"消除"，与"自由"原义无关】，"freedom from want""freedom from fear"都不能译成法文或中文。用法文说，"liberte de misere"或"liberte de peur"成什么话？在英语同样的名词，还可以多加几个。健康可以称为"freedom from disease"，清洁可以称为"freedom from dirt"，和平与平安可以称为"freedom from telephone"……印度人或许会加上一个"Freedom from England"——这才是真正合乎人道的政治自由。所以谈起自由的时候，我们必须拘守这两字的原义，不加什么"of"，也不加"from"——就是简单单货真价实的自由——人类的自由。人类可能拥有四大自由的全部——自由言语思想，安全吃饭睡觉——而仍做一个奴隶。

　　信仰自由对美国人有十七世纪性质的特别意义，同为十三州的人民，都是宗教难民，他们到美国去原是要争得自由敬拜其所信的上帝。但是宗教的自由，在中国并无这种弦外之音；由中国人看来，宗教自由根本没有意义，并不是中国作战的目标。因为中国自古并无宗教战争或宗教压迫等事【即偶有之，亦不及西洋之宗教压迫】，所以宗教的自由，在中国社会生活中，向来认为是当然的事；为宗教自由作战，不啻宣誓为青天白云作战，要捍卫天之青、云之白。言论的自由，曾数度被禁，中外一律，所以还有些意义。但是言论的自由，范围不够广大，不及人类的自由远甚。我不愿因为卫护言论自由而同任何人作战；我可以沉默，或用迂回的方法说出心中的话，而可不至于落狱。我认为此次作战唯一的目标，乃是维护大好的老自由，世上各民族的自由。这一点不容含糊。至于维护个人的自由，也不容含糊。

　　虽然如此，"自由"这两个字在美国和世上魅力尚存。这就是说人民还信仰这东西——简单的老大自由，它是一枚用得略嫌过旧的铜元，但是还不失为一枚好铜元。你不但能使美国人，并且也能使印度人、中国人、希腊人、黑人、芬兰人鼓着热情冲锋陷阵，为它作战。今日世界上大多数人就是为了这自由作战。在我看来，下面这句话有些侮辱我们的战士，并有些滑稽，幽默的美国兵一定也有同感。"杀日本鬼！杀德国鬼！早些回来一星期工作四十小时，赚七十五元钱，还有医药保险，加工工作，可给多一倍半工钱！"我的血温并不因此增加。可见人类的经济观念一定有毛病。

　　但是"自由"的观念是如何产生的？人类的权利是如何产生的？"自由"这两个字从哪里取得这等动人的革命力量？须知这两个字乃是由压迫而起反抗的呼声。政治压迫过重，"自由"两字便添上激人的革命力量。巴得利亨利（Patrick Henry）大吁"不自由毋宁死"，呼声直入美国人民的心坎，因为美国人民当时受到压迫。尼赫鲁大叫："不自由，毋宁死。"罗素和安琪儿一班人漠不关心，因为他们自己并没有受到压迫。即使在美国人看来这件事也无燃眉之急，倒不如外交礼节重要；宁可缄口不言，不可妨害两国的邦交。为印度自由出而说话，犯了外交礼节，野蛮程度，不啻在华盛顿外交宴会上，请英国大使夫人坐于巴西公使夫人之下。……二十世纪人类思想中"自由"的观念，已堕落到什么田地，于此可见一斑。

十八世纪自由的观念同时问世。论理讲，"人权"和"经济权"在哲学立场看来都是神话。这些本来都只是往昔与今日人类深信的东西。像上帝和灵魂一样，这些"权利"是不能证明的。我们要到迫切时，便创设名词，托之上帝，说是受之于天。这人权与"国王的神权"一样，只是直截了当不待证明的一句话而已。海涅称国王的神权为"削发庸僧的胡言"。所以人权也有个宗教根基，杰弗逊（Thomas Jefferson）认为人权是"不言自明"的东西，而且我们是"天生平等""出世自由"的，这些权利"不可剥夺"的，所以在玄学上说来，国王上帝都不能剥夺我们的这些权利。可是我们怎样知道我们是"天生平等""出世自由"的呢？我们不过是相信如此罢了。可是卢梭的野人和自然人之幼稚说法，早已为科学所驳倒【卢梭言自然人本极自由，今日社会学否认之】。所谓人类"出世自由"，不过是出于热情的信仰的一种说法，像"国王的神权"一样，并无科学或逻辑的根据；人们如果预备弃掉它，只消去其神道学的根据。翻阅历史，便可知若干国家曾说起它们在别国的"经商权""贸易权"，同时主张别国在自己国内并无贸易或工作之权。征服国说起"扩张权"或"取得生存空间之权"；有人更进一步，发现自己有统治某地之"天命"。渔业国家则谈起"捕捉沙门鱼之权"。

同样的，到了需要职业实在急迫的时候，我们将提倡"取得工作的神权"，或取得薪水或养老金之权，甚或主张人类"出世便该有职业"，而有时候"出世便该有职业"较"天生平等""出世自由"还要重要。如果不留神，有一天我们将发明"出世便有一张购物券之权利""天赋有取得购物券不可剥夺之权"，并谓在玄学上，无人能夺我此权。根本上，这是我们放弃人权而觅取经济权的原因。

于是精神的"价值"都销声匿迹，剩下了一个真空。自由、平等、博爱，已失去了它们的救世意义。平等的原则已为人怀疑。民主价值、经济价值，都搅作一团落在女巫的大锅中，蒸出来一股带着浓厚的独裁味儿的臭蒸气。钻入这真空的，便是各色各门的政治观念，而共产主义者、社会主义者、民主主义者，都在黑暗中挥拳交锋，打作一团，到底也不知道谁在打谁。斯大林称苏维埃联邦政府为"民主国"，同时纽约"美国人"日报（N. Y. Journl-American）可能称大英康得伯雷的大主教为"赤化"党徒。至于贝当，他的政府无需政治观念，既非法西斯主义，又非社会主义，更非共和；他不是元首，也不是首相，也不是独裁者，更不是总统。他就喘着气说："工作，家，国！"不，欧洲看情形不像有和平的可能。大好的旧道德、旧观念，已经消失了。

正在讨论自由之性质以及观察人类自由的观念已否改变的时候，我们惊觉一个更严重更基本的局势，这局势来得神不知鬼不觉。这就是，原来意志的自由已失踪了。除非我们能恢复意志的自由，就没有力量恢复人类的自由。除非我们能恢复人类的自由，即使取得四大自由，也是徒然。然而意志的自由为什么失踪了？

化物篇第二十

——此篇言明现代机械心理之所由来推论人文科学袭用自然科学之结果及指陈自由意志人生意义为唯物观所消灭

我们姑且这样说：强权政治是火药政治，火药政治结果必定出于爆炸。强权政治与势力的均衡，有如两支炭精，渐渐自两端凑合。机器前进，蓄力渐增，最后的爆炸力必大。现在这个时期，强权政治之爆炸，必遍达全球。玩弄强权政治，就像玩火，同时，我们道德发展却落在背后；我们的思想是国家化而不是世界化的。现在我们认识，世界政治乃是强权政治，这是我们唯一所知、唯一能实行的政治；毫无疑问，不管权力的集合如何变化，我们总在向更大的战争冲突迈进。我们对此形势所恃的态度，只是说命运如此，无可奈何。我们须承认，我们的政治家都是强权政治家，我们的战争行为与和平观念都是以武力原则为根据。我们相信武力仍将横行天下。史班克孟教授大概说得不错，战争结束之后，我们要继续旧工作，世界政治仍将以武力为基础。如果我们接受这话，必促成更大的战争，直到最后一个暴君出而霸持天下为止。或许未到这个田地，欧洲文明便早已瓦解。

但是如果你问，强权政治之结果既已昭然若揭，为什么还要继续玩弄强权政治，答案是我们的人生观已趋机械化——我们的生活观念已含有机械的必然性，虽想阻止它，却是无可奈何，只好听之。我们吸收之自然主义，相信国家生存竞争之说；我们跳不出物质主义的背景，我们在无意之中借取了受机械公例所统制的物理世界的定数论，移用成为人事上的定数论。这些观点都带着"科学"的气味，所以自有其尊严。于是强权政治不托庇于神权论，而托庇于科学的门下了。如此一来，政治的"现实主义"，便是明晰的科学思想；带有感情的理想主义，便被人说是"低能儿"的见识。这种机械化的人生观，结果当然是绝望：说来说去，人的社会原是一座荒林，大家为了生存战斗。这不啻是说："我们情愿为国家争取权力，而作生死之斗，开着眼步入地狱，决不愿做梦想和平天堂的傻瓜——人自为战罢！"

今代人的思想，怎会弄到这个田地？心理分析家叫病人回想童年的事，在灵魂的阴处寻出挫抑、凝固和错综的起源，俾能了解自己。回忆过去的事，容易维持客观的立场，并了解个中真况，了解个中真况，则能自我解放。我们且回顾过去数百年的事，这对我们一定有益，而今日的世界，亦可藉此了解自己，我们怎样变成自然主义、定数论和物质主义的信徒。

科学的摧命手抓住了西方，科学或客观的研究方法，已染化了人的思想，引进了自然主义、定数论和物质主义。所以说，科学已毁灭了人道。自然主义【信仰竞争】已毁灭了行善与合作的信仰。

物质主义已毁灭了玄通知远的见识及超物境的认识信仰。定数论已毁灭了一切希望。

我敢说我不会触犯自然科学家；反之，他们一定同意我的话，而大声抗议说人家偷了他们的观点方法应用在错误的地方，他们不能负责。自然科学与人的问题，其中界线应该重划，两边真理标准亦该重定。科学的对象是实况，人类问题的对象是是非，双方不必彼此抄袭技术。科学依其定义处理"精确的、分立部门的知识"，而有一大部分的人类知识无法精确，难立部门。如果科学及其玻璃管化学材料不能回答这个问题："我为什么欢喜你？"人类关系的问题又怎能解决？

可是我们却把自然问题和人的问题混在一起了，结果产生了一个危险的局面。自然科学家仅仅说道："上帝、自由、善性，并不是精确的问题，不在我研究范围之内。"但是非自然科学家的人文教授说："上帝、自由、善性，都在我的范围之内，但是不能以科学方法研究，而我是一个科学家，又必要做科学家，所以我只能置之不理，另外寻取机械律。只有这样我才能够得上前进的标准而保持我的饭碗。其次，科学既然不能发现上帝、灵魂和人类的善性，或许它们并不存在。"由此愈来愈乱了。自然科学家说："我的兴趣，只在事实上。"只有被迫研究人的价值问题，而企图模仿科学技术的不自然科学家才说："我的兴趣也在事实上，上帝、自由、灵魂，都不是可以证明的事实。我们没有方法应付它们，所以只能置之不理，除非它们有一个物体。"自然科学家说："我测量电流、音波，并画图线。"非自然科学家说；"我也要测量，也要画图线。我要测量希望、理想、意念、上帝、自由，可是不能。但是我能测量人口、生产率、粮食的供给、刺激的机械反应、诗句中的子音母音、进出口货物的数字，以及物质环境的影响。我成为科学家，希望全在这条路上。"

人事的研究既非成为"科学"不可,我们只能专谈科学技术所能解释的物质因素,而科学也只能在物质世界内周旋。十九、二十世纪学界最显著的贡献,都是关于物质因素的影响。譬如说,亨定顿(Huntington)论气候与历史关系、马克思(Marx)论职业与观点关系、伦波洛索(Lombroso)论遗传与性格关系、张伯伦(Houston Stewart Chamberlain)论民族与历史关系、威斯特玛(Westermarck)论环境与伦理关系,还有德国某医生论目力与天才关系,而将来如有历史家证明非洲萝卜根与拿破仑战争的关系,或有先知证明营养与道德之关系,或 Riboflavin(维他命 B_2)与乐观思想的关系,我们不会觉得奇怪。这是多么摩登、多么渊博的发明!上面诸人对人类思想贡献不可谓小,有的很具卓见,有的也可嘉纳,但是他们的灵眼都似乎患斜睨偏视的毛病。

所以在过去一世纪内,知识界的动向一直照着袭用自然科学的技术,不难明白。但技术一变,宇宙观也必变,结果是产生了对人、对历史、对控制人生力量的唯物观念。每个学术上的贡献造成这偏视斜睨的局面,个别的影响虽小,但是汇合在一起,却有移山倒海之力,我们现在便看得出。

因此便产生尼布尔(Niebuhr)及兰克(Ranke)的搜寻及考核史实的方法、比尔德(Charles A. Beard)的经济史观、翁脱(Wundt)的生理心理、华生(J. B. Watson)的行为心理学、左拉(Zola)的"实验小说"、特拉塞(Dreiser)及法雷耳(Farrell)的验尸态度的"现实主义"、藤恩(Taine)的文学批评、里南(Renan)的"原始"研究、孔德(Comte)的"社会物理"、马克思的"唯物辩证法"、某学派的诗学"本体批评"、研究院中的比较文学的"比较"和"研究"、弗洛依德的乱伦错综、心理分析学的在小腹部下搜寻灵魂。我们的种子如果没有屁股座位，整个心理分析的组织便要破灭。而且代表这全部瓦解的象征，有爱略特（T. S. Eliot）的私人僻典、乔易士（James Joyce）的自剖和展览主义、史突文斯基（Stravinsky）的逃避和谐，毕加索（Picasso）的逃避美观、达理（Dali）的逃避逻辑理性、史泰恩（Gertrude Stein）的逃避文法。在世界政治内，有史本格勒（Spengler）的"文化形体"、霍斯何弗的地略政治、赫尔的经济万灵说。其在这次战事，我们可看见应付北非和亚洲的问题，缺乏道义原则。这每一种趋势，都含有"科学"的气味。但是斯文扫地，而人生意义，除了保吃一顿饭，已等于零了。我们所能得唯一的呻吟声乃是："不安全，毋宁死！送我到监狱去，不成问题，只要给我一张饭票！一张养老保证券！"这在革命家看来是多大的退步，同十八世纪人的勇往直前精神比起来，差别多大！

原来人研究物质太成功，自己也变成了物质的一部分。人性的观念，已经变了。"思想"的力量已为历史所否认。瓦片的研究，已替代了历史上爱憎仇恨人情幻变的研究。我们量了特洛国时代的破砖石的尺寸，便觉得增进了解或考核荷马的程度。历史家研究埃及女皇的宫房夜壶，兴趣大于研究她们的宫闱秘史。收集事实、考核事实，这两项工作一直继续下去。一个历史学教授可以一手拿了一只破古罐，得意忘形叫道："我们懂得历史了。"

搜寻考证事实的工作继续不断。历史家测量瓦片，教育家测量人的智力，犯罪学家测量人类的脑壳，心理学家测量我们的感情反应，地理学家测量雨水的寸数，地略政治学家测量高加索的油量。如果瓦片能够解释，历史亦可立足；如果知识的单位仔细地测量，教育便成功；如果脑壳、下颚、耳朵、测量过，犯人便可像一架洗衣机般为我们了解；如果感情反应研究得法，人类的灵魂、智力、想象力、意念、欲望、癖好，都可明白；如果雨量算出，文明之盛衰便有解释；如果油源在握，胜利必属吾人！

人呢？他已变成旋转不息的机器中之一原子，为某爆发过宇宙的陨石余灰所造成。腺、血管、流质，组成了我们的身体，机械化的阻抑、交替反应、错综，组成了我们的心机。肉体的饥饿，我们知道得很详细，精神的饥饿，我们一无所知。欲望乃是体中冲动，我们对它无法节制，正如我们没有力量改造我们自己脑壳的形式。人是一个化学混合物，由身内的分泌物和身外的环境势力所变化而成。那飘渺莫测的灵魂，无形无色，无法研究，受人冷落，已鼓翼而飞，不知去向。彩虹已经解剖得干干净净，孩童时期的好奇心与幻想已经逝去，世界已同我们一起转变灰色。

霍金教授有一段文，可算为现代文章内最玄通知远的一段，说得甚好：

> 不足为怪，科学在全胜利之后，已射过了它的目标。科学家现在不说："在我们的实验室中，无闲谈论世事的目的与价值。"而实际上等于说："我们已把目的和价值推出宇宙之外。"这样大刀阔斧的手段，倒也觉得爽快：虔诚信教说道的人不敢再妄谈上帝的旨意。只要科学专事研究星球与原子的话，这人道价值的幻灭，并不会使人衷心不安。

> 但是有一个时候，科学必须把自己训练有素的目光移转到有生命的东西和人的身上。心理学家和社会学的学科，应运而起，如热带的太阳一般高升，继承科学衣钵真传的方术，富有新生初期的猛势。心理学变成感情思想的物理学；人变成了事实与公例的现象。这样一来，自由有些立不住受不住了，因为它们把人体不多不少整个的配合在数学上完美而可计算的物质定数的范型中。但是到底我们必须承认事实与方法的联合势力；

人虽未能真正摆脱自然的公例，却仍可保持自由的感觉。大家总是如此假定。

起初没有人注意到：人已变得毫无意义。人变成了宇宙大机器的一部分，这部机器已经整顿修理重配过，而把原有潜伏的旧价值已丢在废堆内。宇宙并不向什么地方走去，只是在走罢了！如果整场戏没有意义，那么人这一部分——在它自己看来如何？姑且不论——也不过是一桩事实，虽是一件复杂有趣的事实；却也不过是一个昙花一现的事实——连人类的各种文明建树，都不过如此。人生这幕戏在扮演时，也许能自觉得活灵活现。但是真谛还得打个算盘总算一下，而总算结果，人生意义等于零。①

始终没有人充分指出，希特勒的伦理和政治与这一世纪半以来的欧洲发展有关。也没有人指出希特勒颂扬离常（压制理智，颂扬原始观念），同史突文斯基（Stravinsky）、史泰因（Gertrude Stein）、达理（Dali）、爱白史坦（Epstein）的颂扬离常【即反对理性】巧合。老实说，这趋势可以推溯到浪漫运动的反理智呼声，尼采的蛮意复位运动，诺兜（Max Norday）用剖尸方法所描写的十九世纪状况。任何分析，如把纳粹思想的来源看作只限于德国，而不把西欧文化普遍衰落的因素算在里头，便是自欺。人生意义的零点已经抵达：一辈科学家已把知识空气中的古道古风肃清；维多利亚时代中期的伦理夕阳返照的红光已经消逝；在欧洲的心中，人已变成一个机械式的动物，在盲目的物质势力所指使的盲目的原子混旋中作个困斗。希特勒不过是信步走入这人道荡灭的空野罢了。不然，"希

---

① 见威廉·内斯特·霍金著：*What Man Can Make of Man*（Harper），31—32页。

特勒从何而来？"这问题永远不能解答。

我曾说过：

> 我们可以证明，天下骚动是科学的物质主义侵入了我们的文学和思想的直接结果。人文学科的大教授们已降低到寻求机械律以解释人类行动的田地。愈证明"自然律"之精严，及自由意志论之荒谬，教授先生也愈自鸣得意……科学的物质主义必产生定数论，定数论必产生失望。所以悲观者成为今日最受人崇拜的人——并非最伟大，而是最负盛名的人——实不足为怪。今日国际间的紊乱，是发源于哲理上的悲观。[①]

也许强权政治的世界，借用佛家语说，不过是"梦幻泡影"。也许人事的定数论不过是海市蜃楼，我们造来自欺的。也许权力冲突和败灭的必然性，也不过是这种梦幻泡影。我们在机械律创立了不到一百年后，暂时迷失在其中。也许我们能改造这世界。这是不是布道？不，这是祈祷。

不然呢，也许在这世界上，权力将进而为集团的权力，冲突将进而为规模更大的冲突。民主政治、贵族政治、君主立宪的政治、政治学已为人所知；世界政府的政治学尚未出而问世【参见穷理篇第二十二】。世界民主的基本学理，尚未建立，此学理原则应该与一国的民主政治原则相同，以民意为基础。现此的世界联邦势必成为富户政治或富国的寡头政治（plutocracy or oligarchy of the rich），其不稳固亦不亚于一国中的寡头政治，受治的人民必被分成两级，一级是公民，一级是奴隶。这种政府必以武力强迫，不以受治者的

---

① 拙著《中国与印度之智慧》，574页。

同意为基础；天下将有大规模的反叛流血；寡头政治的强国，自相拼命并与受治者争斗后，精疲力尽，那时候必有一个暴君起而代之，独霸全局。历史上每逢革命混乱的时期，总有一个暴君出现。寡头政治的国家在战争中弄得精疲力尽后，必有一个世界暴君出而讨好大众，统霸世界。这是不是预言？不，这是警告。

但是我们的若干领袖，误解了世界冲突与这次世界革命的性质。最大的问题——帝国主义对抗世界的自由——仍为人所忽略，未得解决。有人以为他们能同时替帝国和替自由作战。丘吉尔在步着波里克里斯的后尘。站在帝国立场上看来，英国再也寻不出更出色的首相。他一人兼有克莱夫勋爵（Lord Clive）和海斯丁（Warren Hastings）的坚决果毅、威廉庇得氏（William Pitt）的意志集中、狄斯雷里（Disraeli）的圆滑灵敏；在举国手足不知所措的时候，他一人出来以铁一般的意志团结人民；在危险的时际，他卓立不移；在叛变爆发的当儿，他显出坚决的力量；在人民信心低沉的时候，他又恢复人民对大好的大英老帝国的信仰。但是庇得、狄斯雷里等人在十八、十九世纪固能守先待后，胜任愉快，在二十世纪未必能成功。丘吉尔看错了时代的潮流。这是不是恶意的批评？不，这是友朋的诤言。

如果我对丘吉尔并无误解的话，我说他从事于二十世纪的战争，不过是要想在战后脱去大皮靴，爬上十九世纪的大床睡觉，床垫舒适地铺在印度、新加坡、香港上面。他有英国狮子狗可羡的坚忍不拔性，也有它的聪明，照帝国的标准看来，他是一个伟人；照未来的较好的世界看来，他不过又是一个克陀（Cato，古罗马参议员）大声喊着："Delenda est carthago！"【"必须打倒迦太基"，北非强国，罗马劲敌】。他甚或会变成小斯及比阿（Scipio the Younger）。但是当隆美尔和蒙高茂来在突尼西亚争夺迦太基的时期，我似乎觉得布尼战争【Punic War，罗马与迦太基大战】又发生于今日了。我觉得这有点像第四次的布尼战争。今日或许有一个汉尼拔会出来拿坦克替代大象，自西班牙进攻意大利，但是地中海主权的争夺战原来不分时代，今古相同。战争的原因及实质是不变的。

齐物篇第二十一

——此篇先指出今日科学思想进步物质观念根本改变正足为今日之救星
为唯物主义找一出路继以老庄解恩斯坦明相对论哲学发展必趋之势

　　现在人家说这个时代是物质时代，我们懂得什么意思了。孤立派的人责怪华莱士副总统提倡"给胡顿脱族人一天一瓜脱牛奶"【即指使野人可喝牛奶为和平世界的目的】，实在是冤枉他；其实今日的思想，基本上都是走上了这条路。我拥护华莱士和世界合作，但是并不拥护"一瓜脱牛奶"。在这时代，最美丽的和平憧憬，乃是一人每天得一瓜脱牛奶，尤其是消毒牛奶。提高人类的生活水准，乃是我们最大的理想。我们似乎在说"每天给一个人一瓜脱牛奶，他便会做一个好人，正义的人，自由安乐的人。每天给这世界一瓜脱牛奶，它便会变成一个好世界，正义的世界，自由安乐的世界。所以只要有足够的母牛和青草，和平的问题不难迎刃而解。"

今日银钱商已把上帝的庙宇转成一个股票交易所了。五金的气味和黎巴嫩香木的气味混合在一起。耶稣曾因为这个缘故而抽鞭打人，大发雷霆。奇怪的是，耶稣教徒对此毫不在乎。我知道任何地带的人民，不论是否基督徒，都有一个人生处世哲学；若无道德传统，没有一个国家能生存。中国人相信"礼义廉耻，国之四维"，在基督教国内之人民的道德传统便是基督教。但是这个世界，正在动荡；科学的物质主义已在动摇基督教的基础。基督教与政治商业无关，而今日决定我们生活形式者，乃是政治与商业。今日世界的一重公案，乃是信仰对抗无信仰的公案。

须知寻求信仰乃是大家的事，因为在这信仰消失，在混乱黑暗的世界中，科学家与传教士同样受到影响。轮船触礁，工程师与火夫共同罹难。科学家应该注意信仰问题，与传教士应该注意科学问题一样，因为两者都在探求人生的意义。当代人第一急务，是利用聪明，恢复人生的要义。

彩虹已被解剖，童年的好奇心和幻想已消失，世界已和我们一起转成灰色。但是好奇心真的消失了吗？世人不懂科学，正像他们不懂自己每日所吞的维他命丸一样。一个大科学家的好奇求知的心决不会死去。须知今日令人赏叹这神奇世界的，还是科学，求知之心只引起更大更难抑制的求知之心，学博则心虚。今日只有伟大的医生才会对你说他不知疾病是如何医好的，只有伟大的科学家才对你说他不知道物质是什么东西，何以如此旋动变化。事物变化过程之研究，并不能帮我们探讨宇宙之真因与用意。科学家研究蝴蝶翅膀上的颜色，只把问题弄得更复杂；电子显微镜照出翅膀上的小摩天楼，楼板的高度与紫光或蓝光的光波相比。科学不能说给你听谁造了这些细微的摩天楼，或谁叫蝴蝶生这些摩天楼。适于生存之优者之所从来，今日较往日更为难解。达尔文的"偶然变化论"

（chance variations），听来不合理，而不能存在。今日教我们谦虚存心者，还是科学。将来科学与宗教之重归旧好，必靠这"谦虚"二字。

不宁唯是，科学毁灭了物质，所以也在毁灭物质主义。科学研究宇宙，原一数学开始，现在却把宇宙归还数学。聪明的科学家已经几乎把物质摆开【指普通物质观念】。他把流质、硬质、光、色、味、音，以及其他物质的品性，都化成数学方程式——除了数学方程式之外，他认为别无所知，别无可知之物。一只立体的桌子已变成了空间；一个原子是像半里长的回力球场，球场四周无墙，小球在里面滚转；一个分子是像许多露天的回力球场，球场虽然紧连，却看不出什么壁墙；一团物体，不过是行动【电力作用】的"场地"【"field"专门名词，或可译作"范围"】，小球既无体积，也无体量。物质已如经幻术突然不见了，而物质律在此宇宙万物内的核心【原子】已不生效。宇宙与其说它像一架机器，倒不如说它像一个鬼。科学家已不及股票交易所内的商人那么"物质化"了。

物质的旧概念消灭了后，十九世纪的机械宇宙观也必随着一起消灭。很巧，杰恩士爵士（Sir James Jeans）在新著物理与哲学【1943年出版】内也谈到定数论与自由意志的问题，因物质观念之变化而受影响。虽然他的态度是极端"科学"的，不敢言定"物质主义"和"定数论"的结果，只说这是术语名词的问题，但是他仍说：

> 新物理最低限度已证明，因果律和自由意志的问题，现在需要新的说法……古典物理似乎阻塞了通往自由意志之门；新物理无此趋向，反之，却证明那门是可以打开的——只要我们能找到门柄。旧物理显给我们看的世界，与其说像住宅，不如说像监狱。新物理显给我们看的世界，似乎可以作为自由人的居所，不仅是无知动物栖身之处——住在里面我们至少可以随

心所欲，安排事业，人生在世，可以奋勉有为，建树功德……
【不论我们仍称物质为"物质"与否】，新物理不论如何，与维
多利亚时代科学家的血腥触鼻的"物质"和咄咄逼人的物质主
义，不可相提并论。他的客观的和物质的宇宙，今经证明，几
乎不过是我们心智上构设出来的东西。在这方面及其他方面，
新物理已向唯心主义（mentalism）的路走去。①

　　十九世纪科学的物质主义和达尔文式的自然主义，影响了人类的
思想，终而产生政治和经济的物质主义。今日科学排斥了物质的旧概
念，也必影响人类的思想，使物质主义的价值倾跌，而完全改造这时代
思情的机械性。有一天我们总必设起道德行为的"场地"（field），历史
发展的"时空间流型"，流（time-space-continuum，相对论名词），没有
一点物质的成分在内。在这种世界内，只有没有体积、体量及重量的
"意念"，才算有真实性。人的心思，必反照他所认识的宇宙。科学已在
把这世界精神化，但是要产生哲学的影响，尚费几十年。
　　但是科学不仅已毁灭物质的传统概念，并已产生相对论。这相
对论在哲学上的含义，要到几十年后方能明白。相对论乃是借数学
通往玄秘主义的路径。由穷研时间、空间及动等观念的究竟，他把
这些观念的基础动摇；他相信或假定，空间是圆弧的，而时间或者
就是我们心中所加于行动的形容法——两者在数学上皆可与"动"
互换的——这样一来，相对论便引我们接近万物消长起伏之理了。
　　现在我们对宇宙脉搏【万物起伏之象】，已较前明了了。直的
线、方的空间、直的时间，都继"地方"之说破灭之后，为科学最
后所击破的俗见。宇宙若非无涯，一定作圆形，所以天下决无直线

___
① 其恩斯著：*Physics and Philosophy*（Macmillan, 1943），215—216。

可言，因这条线必在无形中略弯。大致说来，我们不懂宇宙之圆，正如两只蚂蚁在威斯康逊附近沿着二条平行的经线蠕行，不觉地球之圆一般。地球既作圆形，远东实即是美国的远西，一个爱斯基摩人如向北直行，必抵澳洲或纽西兰。宇宙既圆，其中一切方向体形，也必如此；地球在宇宙中不过是沧海之一粟罢了。

所以在宇宙中，什么都是圆形及圆形的变体。若要描绘世事人生，任何"圆体派的画图"（"circulist"——新创语，与"cubist"相对而言），都较立体派的画图正确。立体派在科学上是错的，连光线飞驰都是依波浪形式。在立体派画图的尖锐直线上，我只看到了现代的精神的生硬冷酷。

所以良史之才描述历代兴亡人事进展，也只能依"循环"之迹，明其起伏交错之象。中国道家哲人透识此理，整个阴阳之说便是基于现代所谓"波浪"之理。十九世纪美国作家爱默生（Emerson）在《循环》（Circles）一文中，也阐明此人生至理。宇宙中之至奥，乃万物循环起伏，复归于一，如庄子所言"齐物"之道。地球既作圆形，东西南北即失其意义，同样的，在这"齐物"的相对哲学立场看来，生死盛衰、强弱大小、是非坚白等分别，都是相对的。

故冬令实起于夏至，自此以往，日渐短夜渐长；夏令实起于冬至，自此以往，日渐长夜渐短。此消长起伏，见微知著之理，乃儒教《易经》之基础。由于"几微"至于显著，故贤者能穷理于事物始生之处，研几于心意初动之时。一起一伏，一消一长，故花盛必衰，权大必削。前辈后代之间，非截然如一串香肠接连起来，而是前辈正壮之时，下一代已经出世，如同女人身体之曲线，一波未平，一波复起。一代一代思潮的起伏交替，情形亦然。一切生命都是像一个人站在海边察看的波浪：浪似激进，却是后退，浪头未倒，水还上升。

由此一切绝对概念，是非坚白，皆为有识者所鄙夷。这个哲学，打破了欧几里得的数学（Euclidean mathematics）。相对论不仅是解释宇宙的数学公式，也是一种人生哲学。科学的进步，到了最近方见到相对论的面目。但是在数千年前，道家先哲，特别是老庄两家，跨越数学，单凭慧眼宏识，便已先见到相对论的哲学上意义——即一切等差之相对性。

下面这些话，可以算是庄子相对论的梗概："夫物量无穷，时无止，分无常，终始无故。"（《秋水》）一切标准，都是相对的。

> ……以差观之，因其所大而大之，则万物莫不大，因其所小而小之，则万物莫不小。知天地之为稊米也，知毫末之为丘山也，则差数等矣。以功观之，因其所有而有之，则万物莫不有，因其所无而无之，则万物莫不无，知东西之相反，而不可以相无，则功分定矣。（《秋水》）

所谓"差数等矣"，便是说一切标准的相对性，虽未明言，而一切分别全凭观者立场之意甚明。高低之分别也同归消灭，最低点即上升之起点，最高点即下降之始点，所以以哲学眼光看来，最低点最高，最顶点最低。故道"在太极之先而不为高，在六极之下而不为深，先天地生而不为久，长于上古而不为老"。所谓"彼""此"，亦是相对的：

> 彼出于是，是亦因彼，彼是方生之说也……彼是莫得其偶，谓之道枢。枢始得其环中，以应无穷……唯达者知通为一，为是不用，而寓诸庸。庸也者用也。用也者，通也。通也者得也，适得而已矣。（《齐物》）

于是"天钧"得以成立，而平行线可以相遇了：

> ……狙公赋茅曰，朝三而暮四，众狙皆怒。曰然则朝四而暮三，众狙皆悦。名实未亏，而喜怒为用，亦因是也。"是以圣人和之以是非，而休乎天钧。是之谓两行。"(《齐物》)

是故，一切是非皆混没，一切等差皆通一，一切然否皆随人而异。"物化"（庄子所常言）成为万物生死轮回之一部。井蛙擅一壑之水，自称至乐；河伯见秋水灌河，欣然自喜；夏虫不知严冬而语冰雪；学鸠自谓飞之至也，不知鹏鸟何必飞翔九万里；彭祖寿长八百，心中自豪；鸱得腐鼠，当为至宝；小人稍得权势，踌躇满志。所以先贤说："至人无己，神人无功，圣人无名。"懂得一切标准的相对性以及生命之韵律，世上的争执以及强力之愚信，必可烟消云散。"夫大块载我以形，劳我以生，佚我以劳，息我以死。故善吾生者，乃所以善吾死也。"[1]

人类的思想智慧，必须如此柔化一番；物质的机械化的信仰，以及死板的绝对概念等粗劣俗见必须摒除；一切事物，必察其起伏终始，交错波澜，而欲如此，必须具有远大眼光，然后直者见之为曲，而曲线成为两点之间最短的距离。大自然是优柔，作"S"字形循着波形的曲线，故得迂回前进，不怕障碍。大自然以曲故达。妄信武力和直接行动的人，自以为明理，却实不谙自然之道。老子说：

> 曲则全，枉则直。
>
> 洼则盈，敝则新。

---

[1] 拙著《中国与印度之智慧》。爱默生论"循环"文，值得仔细研究。他推究生命之韵律，以及应付"无为"之难关，与庄子极像。他是美国第一个相对论学家。

像希特勒这种妄信武力的人，总取直接行动，与自然之道相背，结果一遇障碍，便无法转身避脱，而至灭亡。举出老庄，希特勒和未来的希特勒便见得粗俗可笑。凡强力的组织，不论是何人造的，必归灭亡。

> 持而盈之，不如其已，
>
> 揣而锐之，不可长保。

现在很明显了，这相对和"圆体"的哲学，针对着西方传统的绝对主义，自然能在人生观上发生惊异的影响。中国人日常生活受其影响的程度，竟使西洋人称为"行事怪诞"（"ways that are dark"，即 Bret Harte 语）。你信循环主义，或信西方板直可笑的绝对观念，竟会产生这么大不相同的人生观，似乎奇怪，但是事实如此。这不同的观点，影响了你对自己和他人的看法，左右你应付祸福的态度，以及观察政治和平的方法。

第一个结果是革除【纳粹】"鹅步操"，学习循"S"曲线行走，如溜冰一般。你应付世事，就想多转几个弯，凡事不欲居先，避开世人眼目；但是却多一层含蓄，遇到紧要关头，能泰然处之，因为你知道"祸者福之所倚，福者祸之所伏"。你学会稍为圆滑的做人方法；你知道人家占何便宜，但是心中非但不怨，甚至略带乐意，因为你知道欢喜占人便宜的人，结果必弄得孤零无助。你对一班莽汉，会养成极大的耐心。

相对哲学的第二个结果是，到末了你也必承认老子之言。自庄子的一切齐一境界，你必进至老子的一切颠倒境界。你将对权力霸道失去信心，而采取"柔弱胜刚强"的观点。你将采纳老子下面这些吊诡之论，领略一些老子的幽默：

> 上善若水，水利万物而不争，
> 处众人所恶，故几于道。
> 弱之胜强，柔之胜刚，
> 天下莫不知，莫能行。

> 大巧若拙，大辩若讷；
> 躁胜寒，静胜热。

> 善者吾善之，不善者吾亦善之，德善。
> 信者吾信之，不信者吾亦信之，德信。

第三个结果跟着第二个结果而生，乃是你培植了轻视武力侵略
的态度，因为最强的军队，总首先溃败，希特勒拿破仑便是一例。
古谚云："强梁者不得其死。"大自然是柔和的，循着曲道前进、妄
信武力和直接行动的人，简直是连他自己身居其中的宇宙公例都不
懂。所以老子说：

> 天下有道，却走马以粪。
> 天下无道，戎马生于郊。

> 善有果而已，不敢以取强。
> 果而勿矜，果而勿伐，果而勿骄，
> 果而不得已，果而勿强。
> 物壮则老，是谓不道。不道早已。

我毫不怀疑，老子解决大小国间之关系及和平问题的建议，乃
是唯一合理，能以持久的建议：

> 大国者下流，天下之交，天下之牝。
> 牝常以静胜牡，以静为天下。
> 故大国以下小国，则取小国。
> 小国以下大国，则取大国。
> 故或下以取，或下而取。
> 大国不过欲兼畜人，
> 小国不过欲入事人。
> 夫两者各得其欲，大者宜为下。

在真正文明的和平条约中，"开战之罪"一条是不应该书录的。
照老子说来：

> 和大悲，必有余悲，安可以为善？
> 是以圣人执左契，而不责人。
> 有德司契，无德司彻。
> 天道灭亲，常与善人。

在和平会议中，只有双方各认过失，方能产生永久的和平。
最后一个结果，乃是认识生命的循环律后，人便希望与宇宙合
一，顺道而处，如是则可不致败亡，而达到能知天命的宗教境界。

> 我有三宝，持而保之：

一曰慈，二曰俭，三曰不敢为天下先。

慈故能勇，俭故能广，

不敢为天下先，故能成器长。

夫慈以战则胜，以守则固。

天将救之，以慈卫之。

凑巧得很，老子由这种针对权力论的世界观，立场竟和耶稣完全相同。相同之点，不仅在"勿以怨报怨"，在以下这些真正的宗教概念，也可看出：

天地相合，以降甘露，

民莫之令而自均。

既以为人，己愈有，

既以与人，己愈多。

受国之垢，是谓社稷主，

受国不祥，是为天下王。

不知怎样，宇宙间的道德至理竟在小亚细亚和正亚细亚分别发现，而完全一致。两者都好弄玄虚，其奥妙精微处，恐非好操鹅步的科学化现代人的科学家所能领会。

老子说过，飘风不终朝。近代文明是一阵飘风。只有把人类思想挫其锐，和其光，方能挽救文明于万一。德行的赘瘤，道之所恶，必须割除。

穷理篇第二十二

——此篇借希腊先哲之口研究世界政府之基本原则

　　我们讨论自然界问题，已经很远了，现在应该回家，记住我们自己是人。今日唯一重要的哲学问题乃是：我们是什么？人是什么？

　　孔子听说马厩失火，他只问有没有人受伤，不问马匹。我是一个重要的人，只要此后能天下太平，就是全世界各类的猫、狗、马、兔死尽，也在所不计。这话有些东方异教徒的色彩，但是有些人头脑也几乎像我一样狭小，他们虽然爱狗，然对人类大同的观念，却一无所知。我深信马的思想，亦必如此。白马效忠于人，但鄙夷棕色马，棕色马则鄙夷花斑马。马的爱，我知道，最为肤浅。最意想不到的，皮肤颜色竟也成了马类中间的分裂因素。同样的，一条英国狗对人能效忠，但是却瞧不起他的兄弟爱尔兰狗，因为它的尾巴光润笔直，而它兄弟的尾巴的毛太零乱，竟有些像胡须。西洋人笑中国人的高颧、杏眼，中国人笑西洋人的胸膛长毛。

但是今日这种事已不是开玩笑的资料，我们这个时代强迫过着现代生活，还带着古时的酋族特征，和英国狗蔑视爱尔兰狗的种族偏见。我们随便谈论世界合作、世界政府，哪知道新问题的复杂，不仅是范围广大，就是性质也全未了然。

或许亚里士多德的"政治"【书名】已够应付局面了，或许还不够。但是假使今日的亚里士多德研究世界政府所产生的问题，他必先深思熟虑，探讨基本的原则。亚里士多德就是我们所谓一个"现实家"，但是他的现实主义必有高深见地，他不会放弃原则，只求治标权术。他仍将世界政府分出可能的三大类：（一）一人统治的政府，（二）少数人统治的政府，（三）多数人统治的政府；世界政府的政体与国内政府相同，不过拿国家替代人做单位罢了。他仍会假设好坏的政府：好者乃君主政治、贵族政治、民主政治，坏者乃暴君专制、寡头政府、群众政府【此系沿用希腊原文意义，即 monarchy，aristocracy，timocracy 与 tyranny，oligarchy，democracy】。他会说明这些不同的政体的功效如何，将如何退化，如何变相。他会应用他的动机心理学说：

> 要研究政治革命及纷争之所由起，我们必须首先确定影响到政制的开端及原因……革命情绪的基本普通的根源，前面已说过，乃是求取平等的欲望，因为人都感觉他们与较富有的人，应该平等；或是求取不平等与优越地位的欲望，因为有人感觉他们所有，与庸弱的人相等，或是更少，并未超出他们；

这样自以为高人一等，也许不尽合理。[①]

　　他会发现，求取平等与不平等及优越地位的两个欲望，仍将在今日的世界联邦中骚动，结果势必引起纷争与革命。他不至于假设一个世界政府，说它完美精妥、公正无私，内部不致因心理因素而起变化。亦不因为屡次世界革命而变其体制。他只会尽力建立最适当合理的政体，以保证最大的安全。他透识人性，看破人的弱点，所以重视现实，不去妄想乌托邦组织。但是他的头脑，不像我们这样机械化，他不会嘉纳古尔柏森先生的国际政治游戏，也不会信任国际警察的精密组织而说："这是永久和平的基础。"反之，假设今日的亚里士多德已读过洛克（John Locke）著作，一定会马上讨论强迫和同意的原则及其反应。除了假设世界专制（一国统治他国）、世界寡头政治（少数强国统治他国），及世界民主（多数国统治）三类以外，他必同时假设一切的失败，而各国分裂，回到各国自治的原状。依现此国家观念看来，这末一假定，甚属可能。

　　亚里士多德，我相信，一定嘉纳组织世界警察之维护世界和平的计划。但是他必考虑这三点：（一）去巡治什么？（二）谁去巡治？（三）谁该受人巡治？而说出理由。这样一来，他便看出有些东西可以警察巡治，有些东西不能靠警察巡治。譬如说，他会相信，只有大众敬服的法律习惯，才能用警权执行，警权之产生，全赖人民的同意及公理，并不靠催泪弹和手提机关枪。巡治不合公理的世界秩序，就是等于维护正待改革的状况。所以他必谨慎指出，在我们未决定用武力巡治某东西之前，先须认识那东西是什么。譬如说，国际警团是否应该以武力维持原状而弹压所谓"反叛世界政

---

① 亚里士多德：《政治》，牛津版，108页，Jowett译本。

府之行动"。第二，他必细察被巡治的区域的内况。他不会去严防和平的区域，而必集中精神于扰乱秩序、罪状昭彰的强盗区。只有历史的经验，方能指示我们谁该巡治人家、谁该受人巡治。为示公道起见，他将坚持翻查旧账，主张最好动兵犯人，最帝国主义化的国家应受人巡治，信守善邻政策的国家，应该巡治人家。这样，他或会出人不意，主张爱斯基摩人、爪哇人、萨姆亚人、中国人、美国人、丹麦人、瑞士人等等，应该巡治日本、德国、英国、法国、意大利。西葡两国，虽一度曾为杀人不眨眼的海盗，如保证行为正常，倒可以考虑暂时给予自由。

可是鉴于"大国"的"求取不平等的欲望"，这种计划当然不能实现。将来的国际警团组织一定是一种妥协组织，大家都可加入，以绝对平等为原则，不然便不成为警团，而成为权力集团了。在这个平等自主的原则下，国际警团不可"隶属"于任何国家，正如市区警察组织不可隶属于任何社会富豪一般。市区警察时或能给予社会富豪若干小便利。如在某几条街添加灯光，某处移除"不可停车"的告示，因为他们税付得多；但是这种便利，只能在暗中行使，行使的程度，不可惹得社会中较穷的阶级发动公愤。

这问题之上，还有一个哲学的问题；世界政府应该采取卢梭的放任主义，还是霍布斯（Hobbes）的管束主义；应该采取普鲁士纳粹式的警治政策，还是杰弗逊（Jefferson）和中国主张的民治政策。有许多问题，只要我们不多管闲事，必会自动解决。事实不言自明，治理的区域越大，人口众散，政府凭赖武力的希望也愈少。

中国人根据不赖警察律师治国四千多年的经验，及治理宽大的幅员的经验，必倾向杰弗逊的民主主义。一个相信以礼乐治国的国家，听见德国式的警察政治，必定不胜诧异。中国大概会领导众国反抗警治，其对付警察，也自有其妙法。他们相信，警长太太生儿子时，势必送他一瓶酒，把他买好，谢他终日站在他们门前守卫之功。他们不知道他站在那里的目的是维持公共秩序，因为在他们心中，写格言的对联和大众的讥评——"贼母生贼子"——就足以维持公共秩序。他们只知道他站在那里是替阔人开汽车门。他们自己并不阔气，但是他们知道，在大伏日子，拉他进来喝一杯凉茶，也能联络他。凭着这点处世经验，他们知道没有一个警察能拒绝这种结好手段。所以缅甸人、爪哇人、爱斯基摩人、萨姆亚人、高加索村夫，必跟随中国人向法国人、英国人、德国人、美国人叫道："什么鬼话，我们为什么要你们来巡治？这里没有枪炮，也没有降落伞部队，为什么不巡治你们自己呢？为什么不去巡治莫斯科？"

此处可以顺便谈起美国一声。论帝国主义，美国的历史虽然不是无疵可寻，却也不能算坏。美国人是民主主义的好信徒，所以不能成为成功的帝国主义信徒。他拍着外国人的背，高兴的时候还肯替印度人拉洋车。这是帝国主义信徒最不该干的事。美国人，你没有帝国主义者的天性。你今日拍一个人的肩，明天那人便以为他同你平等，而你的帝国也就此完了。人的念头的确转得奇怪，是不是？可是美国已蓄长了庞大的军力，而军力乃是一件危险的东西。我闪着眼等着看她如何使用军力。美国已经发育到成年时候，有些像一个做考证工作的医生，娶了一位社会交际花太太。"就是因为战争，才结这门亲事。"医生解释他的婚姻道。现在是继续研究工作呢？抑是随他风流妻子，到富户区去挂牌行医，替老爷小姐医鸡眼指甲小疾呢？这是悬于这位医生心中的大问题——美国目前唯一的重要问题。须知今日美国是站在交叉路口，做一个从事研究的医生，我说。

一揆篇第二十三

——此篇引孟子之说言圣人与我同类及所以别于禽兽之人性以定人类平等大同之哲学基础

我们还没有决定人的本性是什么。我们要组织人类世界联邦，如不知其单位（人类），怎能成功？目前我们只知道人类可分五种：白、黑、红、黄、棕。但是白、黑、红、黄、棕是怎样的一回事？我们一无所知。既不知他们的共同点，我们怎能把他们放在一起，叫他们合作呢？

在世界政府内，种族与国邦间的仇恨，必须消除。不仅世界幅员太大，世界政府所遇到的难题，不是任何一国家政府所曾遇到的。一个国家通常有种族和宗教的分别，但是在世界政府内，除此以外，还有国族主义的分裂因素。这种分裂，只有一国之中种族常起争斗，才有相类的情形。可是一个国家如能不受种族和宗教歧视的影响而平安生存，其原理必与世界政府能不受国族主义竞争的影响而平安生存相同。瑞士共和国内，虽有种族和言语的分别，却在自由平等公正的原则下，平安度日。很显明的，共同的信仰，联系住一个国家；若要联系住世界，也只得依靠共同的信仰。一个国家内宗教的信仰或许不同，但是美国的犹太人、天主教徒和基督教徒对民主思想和集团生活，都有若干基本共同的信仰。其次，他们都相信，没有人较别人好。如果要世界变成一个大单位，我们必须培植这个信心：没有一国比别国好。

但是所谓"比他人好"有什么意思？人的共同标准在哪里？我们须首先立一理论，证明各种族在人的地位上，都是平等的。第二，我们须证明，人类之共通性及其与禽兽之别何在。私人和国家间的情形相同：平等不能以智力或创造力或道德程度的标准来证明。平等基于这个玄妙的标准！人是平等的，因为大家都是人。

换句话说，如果要说得体面一些，我们可拿很难证明的"人类的尊严"做平等的基础；说得"现实化"一些，我们可说我们是平等的，因为大家都是没有尾巴的两足动物。你相信"人类的尊严"说或是相信"没有尾巴的两足动物"说，全看你个人的观点而定，因为一说没有科学基础，一说可用科学证明。有人以为良心的呼声已足证明"人类的尊严"；有人认为那不过是空虚无稽的感情——这足以解释，相信两足动物说的人，应付其他国内或国际政治的问题，态度为什么如此刻薄。所以甚至对于承认"人生平等"的根据理由，对其他问题，亦大有关系。如认为人仅是一个两足动物，便没有理由要凭良心行事了。相信人类天生尊严平等的人，必讥笑两足动物的自然观念，而相信两足动物说的人，必认为对方的理论，全都是庸人的情感废话。我们的标准是哪一种呢？谁是对的？

孟子著作内"庸人的情感废话"正多。他不仅相信性善，并且相信人的良知良能，并以为单凭这人的共同的良知，就可见人类是平等的。孟子因此创立了全国所信奉的人道观念，他的地位，仅次于孔子。孟子明晰地替人定了一个共同的标准，人类的"平等"，并不玄秘，亦不借宗教观念为基石。甚至于同皮肤颜色都没有关系。

孟子要替人立一个共通的标准，确立人与禽兽的区别。这区别，他已再三说过，不过在"几希"之间。既然如此，我们今日就该洗耳恭听。其实我已有些发急了。不管是谁，只要能用简洁不玄秘的话说给我听人为什么不是禽兽。我都愿听。过去一世纪内的科学知识的倾向，倒是使我们猜疑，人到底不过是禽兽，我们基持"人的尊严"之说，不过是凭着一点固执成见，违背教授先生的高论，不肯平心静气地用脑子思想罢了。谁能用明白不玄秘的话给我解释？

孟子看见一个乞丐的行为，便为一个奇怪现象所怔住；一切动物都把生命看做最有价值的东西，但是人有时却不在乎。【孟子说动物的话，我想错了。】他的推论是人在生存之外，尚有更有价值的目的，其次，凡人必认识这更有价值的目的。

> 一箪食，一豆羹，得之则生，不得则死。嘑尔而与之，行道之人弗受，蹴尔而与之，乞人不屑也。

所以孟子说：

> 生亦我所欲，所欲有甚于生者，故不为苟得也……如使人之所欲，莫甚于生，则凡可以得生者，何不用也？使人所恶，莫甚于死者，则凡可以辟患者，何不为也？由是则生而有不用也，由是则可以辟患而有不为也……非独贤者有是心也，人皆

有之，贤者能勿丧耳。

孟子给人类立下的共同标准，乃是"心之所同然"，换句话说，那是共同的喜怒哀乐；团结我们，立定我们平等基础者，即是这些共同之感。他更证明，人在心理立场上看来是一律的，所以味、目、声、义理之感，都有一个共同的标准。在解释莶麦后，孟子说：

> 故凡同类者举相似也，何独至于人而疑之？圣人与我同类者。故龙子曰："不知足而为屦，我知其不为蒉也。"屦之相似，天下之足同也。口之于味，有同嗜也，易牙先得我口之所同嗜者也。如使口之于味也，其性与人殊，若犬马之与我不同类也，则天下何嗜皆从易牙之于味也。至于味，天下期于易牙，是天下之口相似也。惟耳亦然。至于声，天下期于师旷，是以天下之耳相似也……故曰：口之于味也，有同嗜焉，耳之于声也，有同听焉，目之于色也，有同美焉。至于心，独无所同乎？心之所同然者何也？谓义也理也。圣人先得我心之所同然耳。故义理之悦吾心，犹刍豢之悦我口。

孟子更进一步指出人心四大共同点。这四点的要义是：第一，它们立定了人类的平等；第二，它们证明了人类的共同点；第三，一人如果失去这四点，便不成为"人"。

> 恻隐之心，人皆有之。羞恶之心，人皆有之。恭敬【亦作"辞让"】之心，人皆有之。是非之心，人皆有之。

孟子作如下证明曰：

今日乍见孺子将入于井，皆有怵惕恻隐之心，非所以内交于孺子之父母也，非所以要誉于乡党朋友也，非恶其声而然也。由是观之，无恻隐之心，非人也。无羞恶之心，非人也。无辞让之心，非人也。无是非之心，非人也。

孟子有心忘记提起皮肤颜色的区别，虽然中国种族之多，竟使他说某一部人"南蛮䛅舌"，其实，他明说过，"舜东夷之人也，文王西夷之人也。……其揆一也。"这种忘却皮肤颜色的立场，似乎可以使世界各国，不论"联合"与否，培植种族平等的基本信仰。他没有提起工业生产力的标准和今日生活的标准。就颜色、生产力及生活的标准看来，我们是永远不会平等的。

因为生活的标准到底是什么一回事？岂不每隔十年八载便变易一次？Wimpole Street 的 Barrett 府【即女诗人勃朗吟家】，可有白磁浴盆？约翰逊博士可曾用过抽水马桶、摩登卫生设备？迭更司可曾听过无线电？哥德可曾用过照相机？赫姆波脱（Humboldt）可曾放过冷热水龙头？他岂不是也用磁盆水桶盥洗的？特莱登（Dryden）可曾住过冷热气电灯设备俱全的房子？莱姆（Charles Lamb）可曾见过电影明星 Ginger Rogers，或用过新化学质牙刷？华资华斯纸，或说起一星期去看电影一次，或去听 Flagstad 歌剧名家？他可曾看过约翰逊博士在一百五十年后才编的第一部英文字典？他在学校内的坐椅可能折叠起来，课室光线可好？他可曾上派克大道去看牙医生？他吝嗇地遗传给他妻子的"次佳床"，可有席梦思弹簧？说得近一些，爱迪生可曾见过电影明星 Errol Flynn？Luther Burbank 可曾见过 Radio City？（纽约无线电城）Elinor Wylie【近代已逝的美国女诗人】可曾见过传真？ Will Bogers【已逝之美国幽默家，性好飞机】可曾见过空中堡垒？爱因斯坦可曾在大西洋无线电话中讲过话？我们笑十九世纪末的人的服装举止，二三十年后人家要笑我们。我们为什么要做宇宙的鉴镜？标准在什么地方？

这些不合理的假设必须废除，人类的共通标准必须建立。孟子排斥了"两足动物"的理论，以人心精神上之共同点建立共通标准。孟子这一说，乃是向今日的机械时代挑战。

我们已谈了很多重要的问题，排斥了千百项养猪式的战后计划，证明它们避免第三次世界大战之无能，并把今日的混乱局面，追源于道德观念的破产。我已设法证明，世界的混乱、战争、冲突，都源于我们对宇宙及人的概念的变化。我也设法证明，战争源于强权政治，强权政治源于对人类社会的自然主义看法，对人类社会的自然主义看法，源于物质主义与定数论所加诸人文研究与近代思想的影响。战争与和平这较大的问题，关键全在我们对人的观念如何？他是一个化学混合物，机械性的争斗律的奴隶，或是释迦牟尼以及其他古时圣哲所说的自由人？但是物质主义、自然主义、强权政治、战争，合组成一条紧固的铁链，把今日的人缚住，使其无法脱身。在养猪式的战后经济计划中，我们所知道的唯一补救方法，乃是移置这条铁链，把它宽放在机械奴隶的足踝或肩上。今日不乏蔚然大观的专门科学知识，但是今日最高明的和平科学家，也不过是解剖专家，深知学理，只能告诉你感觉神经什么地方最迟钝，臀部什么地方最厚，等到人家鞭你的时候，可以从容忍受，甚或感觉机械律之必然性，还带着"此天意也"这种逆来顺受的态度。没有一个科学家有心去打破这些束缚人类精神的铁链。

很奇怪的，我们碰上孟子，倒给我们恢复了人的精神观，给我们定了人类平等的原则、世界合作的基础，以及自由的可能性。他对人的估计较为体面，不像百年来无数科学家那样把人当做机械所说的那样下流。我不怕人家说我饶舌，一定要再说一次：物质主义的信徒只能永远混打下去。物质主义的信徒不能结束战事或建设和平。他们的头脑不行。他们没有希望的勇气，而且此刻也并没有什么希望。

奇怪的五尺的人，他能征服了这世界，却怕区区的小念头，定数论，似乎逃不出它的圈套！或许有一天他会豁然开悟，寻出逃逸之路，使他开悟的，不过是一点念头、一把小钥匙——天使将遗送给我们，以打开束缚住凡人的铁链——这钥匙名"自由意志"。有了这把小钥匙，普罗米修斯（Prometheus）便可得解脱了。

后　序

　　我的辞已尽，话已毕了。在每个时代，必有自由之神与反动妖魔，同时存在。凡是和平的战士，何去何从，务必审慎抉择。谁曾经看见和平之神被摈门外，而犹踯躅檐下，依稀而不忍去，就要看见她低头无言，转移玉步，搭讪着走开。和平与权力是两位妒妇，永不能同居一室。我们的当局现在同那个娼妇厮缠鬼混、狂饮作乐，而和平女神窗外窥看，听见屋内作狂浪之声，就黯然回步，永不再来了。因为和平之神是一位名门闺秀，只有好逑君子，她才肯临门。但是那些主持国家大政的当局，却是些乡愿德贼；他们并不爱她，只爱娼妇，而且她也知道。所以她就此退入朱门深户，等到她知道我们真诚爱慕她，而不爱那权力婊子之时，才可重睹她的芳颜。

　　所以我恨那娼妇，并恨那些寻花问柳的人，因为我还为他们的子女后代担心。和平女士就在我们的篱上盘桓，但是她永不肯进来。因为这时屋内，正在灯红酒绿、恒舞酣歌。我的朋友正在醉生梦死、踌躇满志。可不要小觑那娼妇啊，因为她自有她的魔力。男人一见她肌肤莹润；她的美酒易醉，因为里面有药。

　　然而好景难再，千里搭凉棚总有拆散之一天。前夜醉舞酣歌，已成尼布嘎尼萨王国亡无日之末宴了。一场狂梦，忽然惊醒，将见劫运临门、豪户破产。拍卖行员将走入巨室，将祖宗的供像一一编号登记，倒箧翻箱、沸沸腾腾。一个粗夫就坐在娼妇前夜所睡的床上，试试弹簧好坏。回头搬运家俱的人就要进来，满脚污泥大步踏过地毡。祖宗的供像就和扫帚水桶七歪八斜装运到拍卖行里去。等到一切搬完四壁皆空之时，这家的子女、兄妹携手怪可怜地从中门走出，也不掩户而去，就此流为破落户了。房子出卖，新主人搬进来，又重新裱糊墙壁，把新安乐椅放在壁炉前，说道："鸿运新开了。"

但是，和平女士，请不要走开。我们还未打定主意呢。那些男人刚在开怀畅饮小姐的香槟酒，有几个灌醉了，有几个还清醒。和平战士，大家高声呼喊，也许她还可听我们的话。也许她还可以不走，只要我们对她说："我们一致挽留你。无论你什么条件，我们都可答应。这是我们无条件的投降。因为我们要请你来保护我们的子孙，以你的温柔宽厚福庇他们。"

这是些简单平淡的话。但是如爱默生所说："除非我们有爱慕好尚之情，最简单平淡的话也听不懂。"仿佛这颓丧年代的强权政治家及学界批评家，中了什么风魔，已经失了爱慕之心情及好尚的勇气了。所以他们麻木不仁，无能建设和平。但是到了世人望治之心复怀热烈的情调，而另一年代的人复能鼓起爱慕好尚的勇气时候，那时和平之神就会蹑足入我室内，从背后两手掩我们双目，轻声附耳说："你猜是谁？"那末在我们毫无准备之时，她便不邀而来，成心在我们家里住下去，来陪着我们，保佑我们及我们的子子孙孙。